VR
마케팅
교과서

VR
마케팅
교과서

가상현실 콘텐츠를
비즈니스에
활용하는 법

헨리 스튜어트 지음 | 이지애 옮김

유엑스 리뷰

아내 슈에게 이 책을 바칩니다.
당신의 끊없는 인내와 지원에 감사를 표합니다.

차례

현재 소비자 콘텐츠 시장은 매우 혼란스럽다. 게다가 지난 10년 동안 유튜브와 페이스북 같은 소셜 플랫폼에서 동영상 업로드 횟수가 폭발적으로 증가하면서 더욱 기하급수적으로 혼란스러워졌다. 이러한 상황에서는 널리 알려진 브랜드일수록 끊임없이 혁신적인 포맷을 모색하며 대중보다 한발 앞서 나가야 한다. 그러지 않으면 숨어 있는 위험이 드러날 테니 말이다.

고객에게 어필하려는 마케팅 담당자들의 노력은 마크 저커버그가 페이스북이라는 아이디어를 내놓기 훨씬 전부터 시작되었다. 그들은 광고판과 상점 외부 도로변에 간판이 걸려 있던 시절부터 더 강렬하고 의미 있으며 인상적인 방식으로 고객에게 도달하기 위해 애써왔다. 반면, 가상현실은 지난 수년간 잘못된 출발을 수없이 많이 해왔으며, 그 결과 불과 12개월 동안에 생산비용과 소비가 극적으로 폭락했다. 기술이 발전하면서 브랜드들은 처음으로 고객과 더 정서적인 방식으로 연결할 수 있게 되었다. 이런 방식은 고객이 창문이나 틀 밖에서 보는 것이 아닌 현장에 있는 것처럼 느끼게 할 수 있다. 수많은 사례 연구들이 정서적 연결이 깊을수록 더 큰 공감을 끌어낼 수 있으며, 기억과 반응성도 뛰어나다는 것을 증명했다.

또 가상현실과 360도 영상은 기존의 영상 마케팅이 실질적으로 단 한 번도 성취하지 못했던 조종력을 관객에게 제공한다. 이 포맷에는 사용자가 보는 장소와 보는 길이, 다음 이동공간에 대한 조종력이 포함돼 있다. 이러한 권한을 부여하고 냄새, 접촉, 및 촉감 같은 다른 감각들을 더함으로써 브랜드는 고객과 더욱 깊이 있는 관계를 만들 수 있으며 이는 높은 브랜드 충성도로 이어진다.

지난 10년 동안 나는 콘텐츠를 통해 관객과 고객 충성도를 늘리기 위해 세계적인 유명 브랜드들과 함께 일해 왔다. 2012

년, 내가 창업한 바이럴스파이럴(Viral Spiral)은 사상 최고의 시청률을 기록한 바이럴 영상 '찰리가 손가락을 물었다(Charlie Bit My Finger)'를 제작했다. 바이얼스파이럴을 시작한 이유는 사용자 생성 콘텐츠(UGC)가 브랜드에 마케팅 관점에서 탐색할 큰 기회를 주고, 동영상을 보며 느끼는 구조적이고 자연스러운 공감을 위한 중심지가 될 것으로 믿었기 때문이다. 당시만 해도 UGG 시장이 앞으로 수년 안에 크게 성장하리라 예단하기 어려웠지만 실제로 성장을 이루면서 2012년 바이럴스파이럴은 서서히 알려지게 된다.

2016년 이후 나는 전 세계적으로 가장 큰 프리미엄 360도 영상/VR 콘텐츠 플랫폼이자 360도 영상 및 VR 제작 전문 기업으로 성장한 블렌드 미디어(Blend Media)의 창립자이자 대표로 재직 중이다. 우리의 목표는 모두가 쉽게 사용할 수 있는 몰입 콘텐츠를 만드는 것으로 인텔, 구글, 페이스북 및 나사를 포함한 수많은 세계의 선두 브랜드와 기관, 출판사와 이미 작업해왔다. 그리고 이제는 이보다 더 신나는 산업은 상상하기 힘들 정도다. 글로벌 브랜드는 차 안에서 경험하는 코믹한 360도 영상, 잠수복을 입고 점프 또는 상어와 잠수하기 같은 다양한 소재에 VR 기술을 이용해왔다. 또 브랜드의 인지도와 상품이나 플랫폼 시장을 혁신적으로 촉진하는 데도 활용했다. 클릭률부터 지속 시간까지 공통의 측정기준을 사용하면서 우리의 포맷은 그 실력을 스스로 증명했다.

물론 360도와 가상현실 콘텐츠 제작은 아직 스마트폰을 들고 '녹화' 버튼을 누르는 것만큼 쉽지는 않다. 그러나 이 책은 프로젝트의 범위 지정부터 스토리보드, 대량 생산까지 필요한 모든 단계에 걸쳐 매우 자세한 내용을 전달한다. 이에 더하여 VR에 대한 매우 복합적이고 다양한 관점도 소개한다.

나는 최고의 음악 공연자부터 위스키 회사까지 일련의 VR 프로젝트를 저자와 함께 했다. 그야말로 가장 신뢰할 수 있는

안내자라고 자부한다. 이 책에 수록된 팁을 따른다면 놀랍도
록 쉽게 좋은 VR 콘텐츠를 만들 수 있을 것이다. 또 VR 산업의
최고 인물들과의 특집 인터뷰도 꼭 읽어 보라고 추천하는 바
이다.

데미안 콜리어(Damian Collier)

블렌드 미디어(Blend Media) 창립자 겸 CEO

이 책을 선택한 독자
들에게 감사한다. 나는 이 책에서 다루는 가상현실(VR) 전략이
여러분의 사업에서 잠재력을 최대한 발휘하게 만드는 방법에
대한 환상적인 통찰력을 제공하리라 확신한다.

잠깐 배경 설명을 하겠다. 왜 이 책을 읽어야 하는가? 저자
는 어떻게 이 자리에 오게 됐으며 저자의 경험은 어떻게 여러
분을 도울 수 있을까?

나는 2005년 한 친구가 360도 사진인 '퀵타임 VR(Quicktime
VR)'을 보여줬을 때를 계기로 몰입 콘텐츠를 시작하게 됐다.
처음에는 자신의 눈을 믿을 수 없었다. 스스로 움직이고 보
는 방향을 선택할 수 있는 사진이라니. 그는 완전히 매료되었
다. 당시 열혈 사진작가였던 나는 구식 DSLR 카메라와 어안렌
즈, 맥을 사용해 360도 이미지 제작 놀이를 시작했다. 그러다
2016년에 들어서야 구형 영상을 시작으로 가상 여행의 세계

에 진입하게 된다.

처음에는 호텔과 학교 소개에 관한 일을 주로 맡았지만, 곧 부지와 위치를 소개하는 데 몰입 방식을 원하는 부동산 업계와 그 밖의 사업에서 고객을 확보하게 되었다. 2008년에는 트라벨로그 360(Travelogue 360)이라는 컴퓨터 게임용으로 일련의 장면들을 촬영했다. 이 작업은 나를 런던 주변의 상징적인 지역으로 이끌었고 몰입 기술의 다음 단계인 기가픽셀(gigapixels)을 위한 도약판이 됐다. 아마 기가픽셀에 대해 들어본 적이 없겠지만, 다시 유행이 되고 있다. 단, 이제 기가픽셀은 단지 몇 개 안 되는 이미지들이 아니라 수백, 수천 개의 이미지로 이루어진 파노라마식 이미지다. 이는 여러 번 줌을 할 수 있다는 의미다.

나는 기가픽셀 시스템을 2009년 런던의 세인트 폴 대성당에 도입했는데, 대성당에서 다행히 허가를 내줘서 그 당시 세상에서 가장 큰 세인트폴 성당 내부 사진을 찍을 수 있었다. 사진은 BBC에 채택되어 곧 전 세계로 퍼져 나갔다. 돔 내부 그림의 붓칠을 줌인해서 볼 수 있는 것이다! 이 덕분에 BBC와 인연을 맺은 나는 2011년 윌리엄 왕자와 케이트 미들턴의 왕실 결혼식 촬영을 맡아 몰입형 사진작가로서 또 다른 경력을 쌓을 수 있었다.

BBC는 최고의 영상을 찍을 수 있도록 알선해 주었다. 하루를 잡아 런던 중심부의 더 몰(The Mall)이 내려다보이는 빅토리아 기념관 꼭대기에서 촬영할 수 있도록 한 것이다. 나는 모든 인파의 행렬을 멀리서 잡았고 양쪽에 사람들과 각 매체들이 모여 있는 장면을 모두 담았다. 결과물로 나온 사진은 빠르게 확산되었고, BBC 홈페이지를 수 주간 장식했다.

나는 360도 및 기가픽셀 전문 사진가라는 명성을 얻었고, 게티이미지(Getty Images)로부터 국제 올림픽 위원회를 위한

2012년 런던 올림픽 촬영을 맡아주지 않겠느냐는 제안을 받았다. 이로써 나는 전 올림픽을 360도 영상으로 다큐 영화를 찍은 최초의 사진작가가 된다.

　2012년쯤에는 몰입 콘텐츠의 자연스러운 다음 단계로 360도 동영상 촬영을 시작했다. 이를 위해 요르겐 지어즈(Joergen Geerds, 미국 Freedom360사 대표)가 만든 Freedom360 카메라를 샀는데 이것은 GoPro HERO 2 카메라와 결합한 것이었다. 기본 사양의 3D 프린트로 만든 케이스에 들어 있는 게 전부로 외견상으로는 학교 과제물같이 보였지만 정말 멋지게 작동했다! 360도 영상은 그저 스냅샷이 아닌 이야기가 만들어지는 순간이었다. 이 당시 나는 비주얼라이즈의 장차 공동 창업자인 앤서니(앤트) 간조우를 만나게 된다. 그는 커브(CURB)라는 게릴라식의 실험적 마케팅 에이전시를 운영하고 있었다.

　앤트는 오큘러스 리프트 킥스타터(Oculus Rift Kickstarter) 프로젝트를 소개했고 우리는 헤드셋을 얹자마자 나의 콘텐츠를 시험해 봤다. 그것은 일종의 분수령이었다. 콘텐츠를 경험하는 전혀 새로운 방식을 목격하게 된 것이다. 이것은 그저 360도 영상을 보는 또 다른 방식이 아니라 완전히 새로운 매체이자 스토리텔링 방식이었다. 이 경험을 바탕으로 2013년 비주얼라이즈를 설립한다.

2013년 이후 비주얼라이즈는 VR 과대광고 주기(hype cycle, 기술이나 제품이 출시됨, 과장된 평판 때문에 기대감이 지나치게 높아짐, 과대광고였다는 것을 인식하고 환멸을 느끼는 단계로 이어지는 관심 주기)를 거친 후 유명 글로벌 브랜드를 위한 VR 경험을 생산하는 작업에 돌입하게 됐다. 우리는 자동차 교역 일 및 메르세데스 F1, 아우디, 볼보 같은 유명 브랜드와 토머스 쿡(Thomas Cook) 여행사, 남아프리카 공화국, 멕시코 관광청 등의 관광 부서와 작업했다. 일본에서는 〈이코노미스트(The Economist, 런던에서 창간된 세계적 주간지)〉를 위한 영화를 제작했고 이슬람 국가(ISIS)에 의해 파괴된 이라크 및 시리아의 박물관 재건축을 위한 3D 사진 측량을 하기도 했다.

우리는 대부분 VR에 투자한 거대 전자기업들과 함께 일했는데, 삼성(람보르기니와 함께)을 위한 프로젝트, 구글(〈FT〉, 로터리 클럽, 적십자와 함께), 페이스북(반 고흐 박물관), 오큘러스(해러즈, 런던의 Knightsbridge에 있는 영국 제1의 백화점) 등을 위한 프로젝트를 완성했다.

비주얼라이즈와 나는 1년 동안 VR에 관한 막대한 양의 언론 기사 생산에 기여한 바가 크다. BBC, 채널 5에 특집으로 소개되거나 〈와이어드〉(Wired, 1993년부터 발간되어 온 미국의 기술 잡지)와의 대담, 〈가디언〉, 〈타임스〉, 〈메트로〉, 〈이브닝 스탠다드〉 등과의 특집 기사를 통해서 말이다. 나는 수년 동안 클라이언트와의 첫 미팅, 사전 제작(pre-production) 및 작업 계획, 지상 촬영 및 CG 기술자와 개발자와의 브리핑까지 모든 단계에 참여했다. 그리고 VR 이벤트를 할 때 기업과 고객 양쪽을 관찰하면서 VR이 어떻게 사용되며 소비자에게 영향을 미치는지 목격했다.

나는 VR의 성공과 실패를 보아왔고, 실행의 함정에 빠지기도 하고, 경험 실행도 해 보면서 이제 콘텐츠의 가치를 얻는 법을 깨닫게 되었다. 내가 수년간 모은 멋진 VR 세계에 대한 모든 경험과 지식을 여러분이 쉽게 배울 수 있도록 이 책에 취합해서 담았다. 이제 VR의 세계로 여행을 떠나보자. 행운을 빈다!

헨리 스튜어트(Henry Stuart)

비주얼라이즈 CEO

이 책은 VR 산업에서 가장 흥미로운 인물들과의 대담으로 가득 차 있다. 여기서 그 대담자들을 소개한다.

조나단 월던(Jonathan Waldern)
들어가며

VR 산업의 선구자 중 한 명인 월던은 1980년대 및 1990년대의 가상세계에 큰 역할을 했으며 브랜드 네임이 있는 VR 콘텐츠를 생산했다. 대부분 사람들은 여전히 레고를 가지고 놀 나이에 말이다! 그는 이후 실리콘벨리에 디지렌즈(DigiLens)를 창립하여 증강현실(AR)에 큰 혁신을 촉진했다. 그는 매우 독특한 관점을 가졌으며 여러분과 흥미진진한 통찰력을 공유할 것이다.

앤서니 간조우(Anthony Ganjou)
제1장

차임/CSM(Chime/CSM)의 혁신 및 기술 책임자인 간조우

는 매우 성공한 사업가이자 혁신 전문가다. 그는 브랜드가
VR을 사용하는 법과 VR이 모든 마케팅 전략에서 중요한 일
부가 되는 이유가 무엇인지에 관해 뛰어난 통찰력을 갖고
있다.

앤디 코코란(Andy Corcoran)
제2장

UM 스튜디오 및 매니징 파트너(Managing Partner), 크리에이
티브 스튜디오(Creative Studios), 유니버셜 맥켄(Universal McCann)
의 대표인 코코란은 사업을 성장시키는 맞춤형 광고의 개념들
을 널리 알리기 위해 브랜드들과 작업한다. 그는 마케팅에 적
용 가능한 최고의 신기술에 정통하며 결정적으로 이를 언제
사용할지 안다. 그는 MTV의 전 '청소년 대표'로서 다음 세대
가 콘텐츠를 어떻게 사용할지에 대해 귀중한 통찰력을 발휘하
고 있다.

앤디 후드(Andy Hood)

제2장

AKQA의 신흥기술 부문 총괄이자 2017년 칸 모바일 심사 위원단의 의장을 역임했다. AKQA에서 후드는 전 세계를 무대로 팀과 사무실이 잠재 고객 및 기존 고객들과 함께 혁신의 기회를 파악할 수 있도록 돕고 있다. 또 AKQA의 작업 과정 및 이해를 돕고 프로토타입(시제품)을 만들며 사업상의 문제를 해결하고 고유한 기회를 창출하기 위해 클라이언트와 소비자들을 대상으로 신흥기술을 활용하고 있다. 후드는 브랜드를 위해 최초이면서 가장 획기적인 프로젝트를 수행해 오고 있다.

스테파니 라마스(Stephanie Llamas)

제2장

슈퍼데이터 리서치(SuperData Research)의 부사장이자 몰입 기술 통찰 및 연구와 전략 총괄인 라마스는 이전 연도에 슈

퍼데이터가 수집한 모든 상세 정보를 분석하는 데 가장 적
합한 안목을 지니고 있다. 슈퍼데이터는 VR 사업에 활용
할 수 있는 가장 포괄적인 일련의 데이터 집합을 보유하고
있다.

리처드 노클스(Richard Nockles)
제2장

VR 산업의 또 다른 선구자인 노클스는 두 개의 큰 역할을
맡고 있다. 스카이 VR(Sky VR)의 제작부장과 VR 스튜디오인
서라운드 비전(Surround Vision)의 대표직이다. 빛나는 수상 경
력을 지닌 작가이자 영화감독으로서 그는 유엔, 스카이(Sky, 영
국 방송국), BBC, 채널 4(Channel 4) 등에서 영화를 만들었고 다
수의 플랫폼과 기기를 위한 VR 앱도 개발한 바 있다. 노클스는
모든 방면에 뛰어난 멋진 남자로, VR에 관해 흥미롭고 솔직한
대화를 나눌 수 있었다.

로스 휠러(Ross Wheeler)
제2장

오토모티브(Automotive)의 대표이자 이매지네이션(Imagination)의 이사인 휠러는 재규어 랜드로버, 롤스로이스 및 애스턴 마틴(영국제 고급 승용차) 같은 고객들을 관리한다. 그는 현재까지 가장 주목받은 VR 프로젝트 중 하나인 재규어 아이 페이스(Jaguar I-Pace)를 출시했다.

로한 실바(Rohan Silva)
제6장

세컨드 홈(Second Home)의 공동 창립자이자 영국 총리의 전 정책 고문이자 BBC의 다큐멘터리 작가인 실바는 신흥기술을 깊이 이해하고 있으며, 이 기술이 미래의 소통과 상호작용, 놀이 및 학습에 미칠 영향 또한 잘 인지하고 있다. 이러한 기술 방면에 대한 지식과 경험 덕분에 그는 VR 마케팅의 미래에 관한 논평자로서의 독보적 위치를 점하고 있다.

가상현실 마케팅 소개

가상현실은 아직 걸음마 단계에 있는 기술이다. 이 흥미로운 뉴 미디어는 그 막대한 잠재력을 이제 막 보여주기 시작했다. 마케팅 관점에서 볼 때, VR은 단지 진짜와 똑같이 구현하는 수준을 넘어서서 훨씬 더 생생한 방식으로 고객을 제품과 브랜드, 이야기나 장소에 몰입하게 만든다. VR은 고객이 실제와 완전히 똑같은 형태로 제품을 접하고 원하는 대로 설정하고 바꾸며 '다른' 세계를 경험하는 방식을 선택할 수도 있게 한다.

마케팅 담당자의 관점에서 VR은 매우 흥미롭지만, 만만치 않은 도전이기도 하다. VR은 관객들을 깊이 매료시키고 감정에 강력한 영향을 미침으로써 비교할 수 없는 몰입성과 연결감을 제공한다. 다만 VR의 스토리텔링 언어는 아직 확립 단계여서 하드웨어나 플랫폼의 배열은 일반인들이 사용하기에는 복잡하고 혼란스럽다. 또 사람들이 신체적인 불편을 느낄 가능성도 있다.

VR의 가장 흥미로운 점은 이것이 뉴 미디어라는 것이다. 뉴 미디어에 대해 생각해 보자. 미디어를 사용하고 사람들과 소통하며 상상할 수 있는 모든 것을 경험하는 전혀 새로운 방식이다! 이것은 대단히 파격적인 기술이다.

저자는 VR 스튜디오인 비주얼라이즈(Visualise)를 공동 창립한 2013년 이래, 줄곧 VR 분야에서 일해 왔다. 그전에는 360도 회전 사진의 형태로 몰입형 콘텐츠를 제작하는 일을 했는데, 2011년 영국 왕실의 결혼식부터 2012년 런던 올림픽까지 BBC와 게티이미지의 이벤트를 담당한 바 있다.

또 비주얼라이즈에서 일하는 동안 130회가 넘는 VR 경험을 제작했다. 〈FT(파이낸셜 타임즈)〉 및 구글을 위한 360도 영화부터 〈와이어드〉를 위한 전격적인 쌍방향의 '방 규모(room scale)' VR에 이르기까지 다양한 소재를 만들었다. 지난 수년간 저자는 이 빠르게 진화하는 산업의 거대한 변모를 목격하며 세계의 선두 브랜드 기업과 이벤트를 위한 VR 마케팅 콘텐츠를 제작해왔다.

이 책에서는 VR이 왜 미래 마케팅 툴킷의 중요한 부분인지와 관련하여 저자의 지식과 생각을 전달한다. 또 현재의 VR 콘텐츠 제작 방법과 이것이 미래에 전개될 방식에 대해서도 밝히려 한다. 앞으로 VR은 크게 성장하며 수십억 사람들의 일상의 일부가 될 것이다. 이러한 관점을 고려한 골드만삭스는 2025년에는 VR이 TV보다 더 큰 성장을 할 것이라 밝힌 바 있다.

가상현실이란 무엇인가?

여기에는 사전적 정의와 저자가 마케팅 담당자에게 의미가 있다고 생각하는 정의가 있다. 차후에 기회가 된다면 전적으로 VR 헤드셋을 통해 도달하는 가상현실 속의 콘텐츠와 경험을 위한 마케팅의 관점에서 책을 쓸 수 있을 것이다. 그러나 그 관점이 현재 시장의 현실을 반영하지는 않을 것이다. 현재의 VR 마케팅은 아래의 두 가지 방향에서 펼쳐진다:

- 쌍방향 VR(게임 실행 및 실시간 엔진용)
- 영화제작 VR 혹은 360도 영상(더 수동적임)

쌍방향 VR

환경에 영향을 미칠 수 있는 것이 바로 역동성이다. 쌍방향(interactive) VR은 내장된 고성능 컴퓨터로 역동적이고 매끄러운 몰입형 경험을 가능하게 하는 HTC 바이브나 오큘러스 리프트 같은 최첨단 VR 헤드셋으로 보는 것이 가장 좋다. 쌍방향

VR은 삼성의 기어 VR(GearVR)이나 구글의 카드보드(Cardboard) 같은 모바일 기반 헤드셋에서 사용될 수도 있지만 그러면 콘텐츠의 원활한 실행을 위해 VR 경험의 일치감은 많이 감소할 수 있다. 이것은 쌍방향 VR이 초급자용의 모바일을 기반으로 한 기기에는 적합하지 않음을 의미한다. 현재 쌍방향 VR은 헤드셋으로만 볼 수 있고 온라인상으로는 불가하다(WebVR 사이트가 있긴 하지만 시기상조다). 그렇다면 과연 얼마나 많은 헤드셋이 나와 있을까? 슈퍼데이터의 시장 조사에 따르면 2016년에 600만 개가 넘는 '프리미엄' VR 헤드셋이 팔렸고 2017년에는 770만 개가 팔렸다. 이것은 전 세계적인 판매량으로 비록 적은 숫자는 아니지만, 더 큰 광고비 지출을 위한 명분으로는 부족하다. 이것은 VR 활성화의 실행은 매우 구체적이고 계획적인 성과를 위한 것이어야 함을 의미한다. 다시 말해 헤드셋과 장소 등을 제공하고 사람들을 콘텐츠로 끌어들여야 한다. 이런 의미에서 쌍방향 VR은 최소한 헤드셋 판매가 부상점에 도달하기 전까지는 경험적 활동으로 확고히 자리하고 있다.

360도 영상

VR 영화로도 알려진 360도 영상의 강점은 무엇보다 VR 헤드셋으로 온라인에서 시청이 가능하다는 점이다. 이로써 몰입 콘텐츠에 주목할 수 있고 브랜드가 매체에 비용을 투자하는 것을 정당화할 수 있다. VR 영화는 유튜브나 페이스북 같은 소셜 플랫폼을 통해 세간의 이목을 끄는 경험 활동과 다수의 시청자를 얻을 수 있다. 이것이 이 책의 중요한 점이다. 시장의 어려움은 현재 대부분의 VR 마케팅이 360도 영상 위주라는 것이다.

VR과 과대광고 주기

VR은 신흥기술로 가트너의 과대광고 주기(hype cycle)와 같은 것이다. 이것은 아마라(Amara)의 법칙(그림 0.1 참조)의 시각적 표현으로 나타낼 수 있다. 로이 아마라는 다름과 같이 명시했다.

우리는 기술 효과를 단기적인 면에서는 과대평가하고 장기전인 면에서는 과소평가하는 경향이 있다.

그림 0.1은 대중의 기대 이하로 하락하며 기량 발휘를 하지 못하는 기술을 보여준다. 시간이 흐르면서는 대중의 기대를 넘어서 과잉발휘를 한 기술의 영향이 나타난다. VR은 만곡부 굴절의 중심에 있으며 기대를 만족시키는 것으로 보인다. 2013, 2014, 2015년도의 모든 과대광고는 서서히 감소했고 2016년과 2017년에 목격했던 VR에 대한 조급함과 이해 부족은 이 기술의 잠재력에 대한 기대로 대체되었다.

VR이 처음에 과대광고가 되었던 것보다는 훨씬 더 크게 성

그림 0.1 시간에 따른 기술 영향(아마라의 법칙)

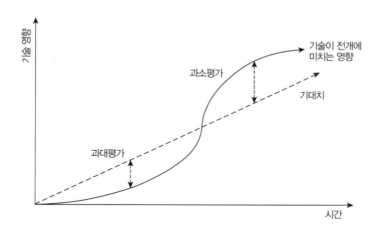

장하리라 생각하지만 거기까지 도달하는 데는 수년이 걸릴 것이다. 지금은 VR이 과도한 열광의 대상이 아닌 실용적 용도로 자연스럽게 성장하고 있어서 안심이다. 제품 활용도를 나타내는 데 많이 사용하는 제프리 무어(Geoffrey Moore)의 기술 수용 주기(그림 0.2)를 보면 많은 제품이 최초 출시된 당시에는 수익을 내지 못한다. 그림 0.2는 인구의 다른 지역에서 신기술이 어떻게 수용되는지를 알려준다. 도입자를 시작으로 킥스타터의 오큘러스 DK1 헤드셋이 팔렸고 현재는 얼리 어답터를 거쳐 2세대 헤드셋이 팔리는 것을 알 수 있다. '고비를 넘어' VR이 초기 대중에 의해 수용되는 것이 큰 과제인데 이제 360도 영상이 도입된 것이다.

그림 0.2 기술 수용 주기

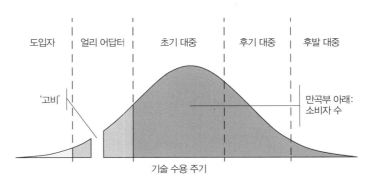

자료 제프리 무어의 〈고비 넘기기(Crossing the Chasm)〉(1991) 중

360도 영상은 대중 수용으로 가는 고비를 넘는 데 사용되는 중요한 연결고리다. 순수한 쌍방향 VR의 측면에서는 브랜드나 스튜디오 양쪽에서 봤을 때 헤드셋이 마케팅 비용이나 콘텐츠 제작을 정당화하는 것은 아니다. 브랜드의 관점은 '마땅한 헤드셋이 없으니 콘텐츠 제작은 불가'인 반면 소비자는 '콘텐츠가 없으니 헤드셋은 불필요'라는 것이다. 전형적인 닭이 먼저냐, 달걀이 먼저냐의 문제라고 할 수 있겠다.

콘텐츠가 360도 영상으로 제작된다면 브랜드는 프리미엄 VR 헤드셋으로 경험하면서 또 기존 광고 기대로 예상되는 고객의 수에 도달할 수도 있을 것이다. 이것은 콘텐츠 투자가 닭과 달걀 문제를 해결할 수 있다는 의미다. 360도 동영상은 VR의 미래가 아니다. VR은 360도 동영상을 훨씬 넘어서겠지만 대중 수용으로 가는 고비를 넘기 위해서는 360도 영상이 중요한 다리 역할을 한다. 6장에서 대중 수용을 향한 가능한 경로에 대해 더 알아보겠다.

VR의 간략한 역사

VR이 새로운 것이 아님을 먼저 일러둘 필요가 있다. 최초로 이 개념이 언급된 것은 1935년 미국의 한 만화책에서다. 〈피그마리온의 안경('Pygmalion's Specticals)〉이라는 제목의 이 만화책은 새로운 세상을 보여주는 안경에 대해 멋지게 묘사하고 있다(그림 3.0).

그다음으로 주목할 만한 작품은 1950년대 모튼 헤이리그(Morton Heilig)의 '센소라마(Sensorama)'다. 매우 시대를 앞서간 작품인데 현대 VR의 창조적인 생각도 이에 미치지 못할 정도다(그림 0.4, 0.5).

사용자들은 한 쌍의 렌즈를 통해 물속을 지켜보며 소리를 듣고 냄새를 맡을 수 있을 뿐 아니라 안에서는 물 스프레이까

그림 0.3 피그말리온의 안경

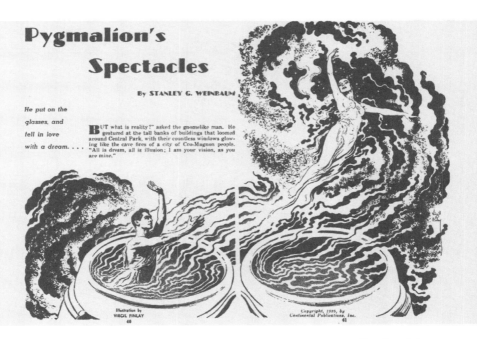

위 왼쪽 텍스트 안경을 쓰자 꿈과 사랑에 빠지게 된다. **위 오른쪽 텍스트** "현실은 무엇인가?" 땅속 요정같이 생긴 남자가 물었다. 그는 크로마뇽인들의 동굴에서 피어나는 불처럼 빛나는 수많은 창문이 달린 센트럴 파크 주위 빌딩의 큰 은행을 가리켰다. "모든 것이 꿈이고 환상이다. 나는 너의 환상이다. 네가 나의 환상인 것처럼."
자료 스탠리 G. 웨인바움(Stanley G Weinbaum), 콘티넨탈 출판사 (1935)

지 뿌려진다. 이런 양식의 VR 경험은 접촉하고 냄새 맡으며 다른 감각들이 현실에 추가적인 영역을 더한 '4D 경험'으로 불리곤 했다. 4D 경험은 오늘날 놀이공원이나 관광 명소에서는 흔하지만 VR 헤드셋이 결합하는 경우는 거의 없다. 물론 빠르게 변하는 추세이긴 하지만.

그림 0.4　모튼 헤이리그의 센소라마, 1955

자료　헤이리그의 허가로 재현됨(2017)

헤이리그는 여기서 멈추지 않았다. 1960년 특허를 내고 텔레스피어(Telesphere)라고 지칭한 세계 최초의 머리에 착용하는 디스플레이를 시제품으로 생산한다(그림 0.6). 특허를 낸 이 기기를 보면 놀라울 정도로 현대의 VR 헤드셋과 비슷하다는 것을 알 것이다. 헤드셋은 트레킹은 없지만 영화의 3D 입체감과

그림 0.5 모튼 헤이리그의 센소라마. 특허 출원. 1962

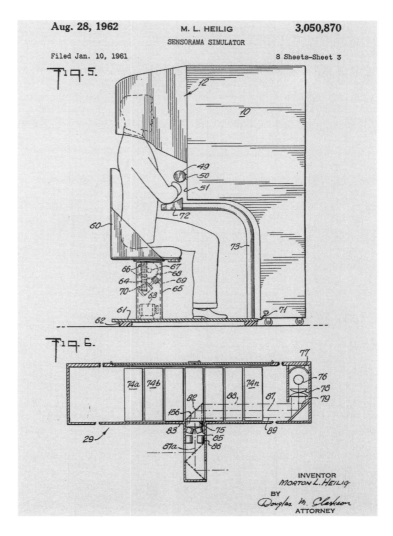

위 텍스트 1962년 8월 28일 / M. L 헤이리그 / 센소라마 시뮬레이터 / 1961년 10월 접수 /
8장 중 3장 **아래 텍스트** 발명가: 모튼 헤이리그 / 변호사: 더글라스 클락슨
자료 헤이리그 유산의 허가로 재현

함께 스테레오 사운드를 제공한다.

1968년 컴퓨터 과학자 이반 서덜랜드(Ivan Sutherland)는 제자 밥 스프로울(Bob Sproull)과 함께 '다모클레스의 칼'(Sword of Da-mocles, 신변에 닥칠 위험, 왕이 국왕의 영화를 질시하는 디모클레스를 왕좌에 앉히고 그의 머리 위에 머리카락 하나로 칼을 매달아 놓아 왕에게는 항상 위험이 따름을 가르쳤다는 고사에서 유래)라는 멋진 이름을 붙인 VR 헤드셋을 제작한다. 이 헤드셋은 너무 무거워서 로봇 팔을 이용하여 천장에 매달아야 했다(그림 0.7). 초기의 이 VR 시스템은 방과 간단한 물건을 표시하는 단순한 와이어프레임을 전시하고 있었다.

1984년 재론 레니어(Jaron Lanier)는 시각 프로그래밍 연구실(VPL)을 창립했고, 개념상 시대를 훨씬 앞선 일련의 VR 기기들을 출시했다. 이 중에는 '아이폰'(Eyephone, 사용자의 시각 영역을 컴퓨터로 산출된 가상세계의 이미지에 연결시키는 헤드마운티드 디스플레이어) 헤드셋 시리즈와 '데이터 글로브'(Dataglove, 가상현실에 이용되는 3차원 입력용 인터페이스의 일종. 글러브 안에 장착된 센서가 관절의 움직임을 감지하여 컴퓨터상에서 손의 움직임을 재현)도 있었다.

레니어는 '가상현실'이란 말을 만든 사람으로 알려져 있다. 그는 VLP 작업을 하다가 음악과 책으로 옮겨갔는데, 특히

그림 0.6 모튼 헤이리그의 텔레스피어, 특허 출원, 1960

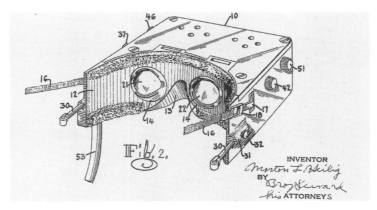

오른쪽 아래 텍스트 발명가: 모튼 헤이리그 / 변호사: 더글라스 클락슨
자료 헤이리그 유산의 허가로 재현 (2017)

그림 0.7 머리에 착용하는 3차원 디스플레이, '다모클레스의 칼(Sword of Damocles)', 이반 서덜랜드(Ivan Sutherland), 유타대학교, 1968 (FJCC)

그림 0.8 가상현실을 위한 판매 책자 중에서 (월던 박사 / 가상 그룹, 조나단 D 월던 박사, 1993)

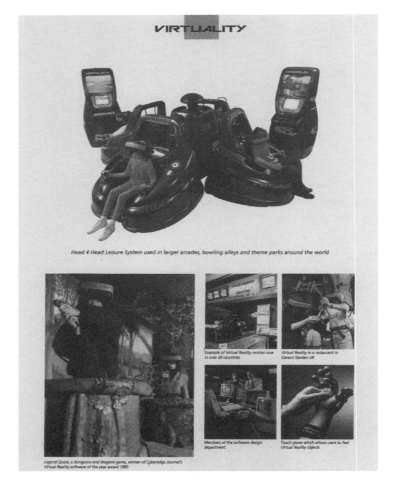

위 텍스트 가상현실 / 4 헤드 오락 시스템으로 전 세계적으로 대규모 오락실이나 볼링장, 놀이공원에서 사용됨 **아래 텍스트** (시계 방향으로 맨 아래부터) 레전드 퀘스트, 던전 앤 드래곤 게임, 1993년 올해의 가상세계 소프트웨어 수상작 / 가상현실 센터 모형은 이제 20개가 넘는 나라에 있다 / 영국 런던 코벤트 가든의 가상현실 레스토랑 / 가상현실의 물체를 만질 수 있게 하는 터치 글로브 / 소프트웨어 디자인부 직원

그림 0.9 가상현실을 위한 판매 브로셔 중에서 (윌던 박사/가상 그룹, 조나단 D 윌던 박사, 1993)

2014년의 〈누가 미래를 소유하는가(Who owns the future)〉라는
작품이 유명하다. 레니어는 1992년 영화 〈론머 맨〉(1992)의 주
인공에 영감을 받았다고 한다. 1990년대 초기에는 가상 그룹
과 아케이드 게임 기기가 출시됐다(그림 0.8). "1세대" VR 기기
의 상징이라 할 수 있는 매우 레트로적인 이 기계는 굉장히 인
상적이었다! 양쪽에 3D 입체 전경을 자랑하지만, 무엇보다 지
연성이 낮아 멀미를 감소시켰다. 이 기기는 네트워크를 통해
함께 연결되어 멀티 플레이어 게임이 가능하다(그림 0.9).

그림 0.10　닌텐도의 버추얼 보이

자료 사진　에반 에머스 제공 (2016)

되돌아보면 가상 아케이드는 조나단 월던 박사와 함께 VR
의 제1세대 과대광고 주기의 절정이었다. 박사는 1994년에 멋
진 동영상을 만들었으며 그의 회사는 미국 달러로 9백만 달러
를 상회하는 가치가 있었다.

그다음으로 이어진 것은 '고비 넘기기'를 관리하지 못한 산
업계였다. 세가와 닌텐도는 VR 글래스(VR Glasses)와 버추얼 보
이(Virtual Boy)라는 상업적 성공이 매우 낮거나 거의 없는 헤드
셋을 연속해서 선보였다. 그러나 세가의 VR 안경은 심각한 두

통과 멀미를 유발한다고 알려져 실제로는 출시되지 못했다. 이 문제는 VR의 제2세대의 초기 시절까지 계속됐다.

닌텐도의 버추얼 보이(그림 0.10)가 출시되었지만, 얼마 후 곧 철회됐다. 불편한 디자인과 빈약한 시각적 디스플레이, 제한적인 색상, 무엇보다 콘텐츠 및 소프트웨어의 부족이 그 원인이었다.

1990년대 전반을 통해 VR은 대중문화 속으로 유입되기 시작했다. 피어스 브로스넌 주연의 영화 〈론머 맨(The Lawnmower Man)〉은 당시 가장 진보한 영화였다. 재론 레니어의 초기 실험실 시절(브렛 레오나드 및 업로드 VR 사와의 인터뷰 참조)에 바탕을 둔 것으로 알려진 영화는 지능이 떨어지는 한 남자를 돕기 위해 기술과 약물을 사용한 VR 연구자가 끔찍한 결과를 맞는다는 내용이다.

VR은 1993년 방송된 '묵시록의 총잡이'에서는 붉은 난쟁이로 등장한다. VR은 다른 등장인물인 레스터와 1930년대 영화 속의 섹스 경험을 시도하지만 실패하고 만다. 1995년에 VR은 영화 속에서 최고의 절정기를 맞았다. 영화 〈가상현실〉, 〈스트레인지 데이즈〉, 〈코드명 J〉가 모두 1995년 한 해에 개봉했다. 〈매트릭스〉(1999)는 VR의 개념을 극도의 자연스러운 상태로까지 끌어낸다. 가상세계는 너무 진짜 같아서 진짜인지 가짜인지 구별할 수 없을 정도다. 현재와 같은 흐름으로 기술이 계속 발달했다면 그것이 바로 VR이 궁극적으로 도달하게 될 목표였다.

그러나 불행히도 VR은 '고비를 넘지' 못했다. 2012년까지 VR 헤드셋은 '오큘러스 리프트'라는 이름으로 킥스타터(미국의 대표적 크라우드 펀딩 플랫폼)에서 출시되었다. 그리고 이제는 다음 번 과대광고 주기를 시작으로 제2의 최신 VR 세대가 시작되길 희망한다. 오큘러스는 파머 럭키(Palmer Luckey)에 의해 설립되었는데, 당시 그는 부모와 함께 사는 17세의 소년이었다. 파머는 시중에 적당한 저지연의 VR 헤드셋이 없는 것에 실망하여 직접 제작하기로 결심했다. VR의 잠재력에 큰 희망을 품은 럭키가 전화 부품만 가지고 VR 시장을 단독으로 시작한 사연은 오늘날 잘 알려진 이야기다. 오큘러스 킥스타터 프로젝트의 초기 후원자 중에는 존 카맥과 브랜든 아이리브가 있다. 그들의 후원과 VR에 대한 일반 대중의 흥미는 오큘러스를 킥스타터 프로젝트 사상 가장 큰 성공으로 이끌었다. 오큘러스는 예상 목표액의 약 1000%에 가깝게 도달했다.

오큘러스의 기술 담당 최고 책임자(CTO)인 카맥(Carmack)은 컴퓨터 게임 업계에서는 누구나 아는 인물로 울펜슈타인3D (Wolfen-stein 3D), 둠 앤 퀘이크(Doom and Quake)를 제작한 바 있

그림 0.11 오큘러스 리프트 CV1 헤드셋

자료 오큘러스 제공 (2018)

다. 그는 세계에서 가장 능력 있는 컴퓨터 프로그래머로 인정 받는 3D 그래픽 최적화에 있어 선두주자다. 오큘러스의 대표 아이리브(Iribe)는 게임 개발자이자 시빌라이제이션(Civilization) 에서 근무한 사용자 인터페이스 전문가다. 그는 2011년에 자 신의 사업인 스케일폼을 오토데스트에 성공적으로 매각했다.

2014년 페이스북은 오큘러스를 20억 미국 달러에 인수하 여 이 흥미진진하고 새로운 업계로 진입한 최초의 기술 강자 가 된다(그림 0.11). 오랜 라이벌에 뒤처지지 않기 위해 구글 역 시 VR 쪽으로 방향을 전환하기 시작했다. 구글은 사내벤처 시 스템인 '혁신적 휴식(Innovation Time Off)'을 통해 구글의 엔지니어 데이빗 코즈(David Coz)와 데미안 헨리(Damien Henry)가 제작한 구글 카드보드(Google Cardboard) 플랫폼을 발표했다. VR의 관문으로 널리 인식되는 카드보드는 납작하게 접을 수 있는데 말 그대로 카드보드 패키지를 VR 헤드셋에 장착하여 스마트폰을 스크린으로 활용하는 것이다. 현재까지 시중의 대다수 헤드셋은 구글 카드보드이며 2016년과 2017년을 합하여 1천 400만 개가 판매되었다.

구글의 주요 콘퍼런스인 I/O에서 구글은 카드보드의 성공을 바탕으로 제작된 새로운 플랫폼 데이드림을 발표했다. 데이드림 플랫폼 역시 VR 실행에 스마트폰을 사용하지만, 더 적은 수의 새롭고 강력한 안드로이드 모델로 제한되어 있다. 2016년 이후, 업계의 주요 주자들은 헤드셋의 진화를 계속했고 구글은 데이드림 2를, HTC는 바이브 프로(Vive Pro) 같은 차세대를 선보였다. 헤드셋은 더 좋은 해결책과 트래킹 시스템, 오디오 등으로 점점 더 나아지고 있지만, 기술의 발전 속도는 상당히 정체돼 있다. 이 책의 뒤에서 시장 지도자들에게 마케팅 지원의 최고 선택지에 대해 알아보겠다.

VR은 또다시 실패할 것인가?

VR의 역사를 살펴보면서 VR은 또 실패하느냐고 질문하는 것도 무리는 아니다. VR에 대해 지금 알아보는 것이 과연 현재에 머무르는 것을 의미할까? VR은 '성공하지 못한' 3D 같은 다른 기술과 종종 비교된다. 시기도 바로 이때쯤이었다. 기술의 융합은 주로 스마트폰 덕에 가벼운 소형 부품, 고해상도 화면, 자이로스코프(항공기, 선박 등의 평형 상태를 측정하는 데 사용하는 기구), 가속도계와 프로세서용 전원이 모두 '적당한' 가격에 VR 헤드셋에 장착될 수 있게 됐다. 훨씬 더 좋아진 것은 사실이다. 1990년대에 이런 품질의 VR을 모바일 기기에서 가능하게 하기 위해서는 수천 파운드가 나가는 컴퓨터가 있는 대학 실험실이 필요했을 것이다. VR 경험을 실행할 수 있는 스마트폰의 성능은 결정적이다. 기술이 진화하면서 지금에 와서야 겨우 잘할 수 있게 되었고, 경험의 품질과 활용도 곧 좋아질 것이다. 모든 것을 고려했을 때, 스마트폰과 같은 정도의 활용은 아닐지라도 VR은 우리 일상의 일부가 될 것이다. 증강현실(AR) 같이 일상에 즉각적으로 수용되지는 않겠지만, 사람들은 빠른 속도로 점점 더 좋아지는 이 멋진 경험에 플러그 인하게 될 것이다. 마케팅 담당자의 관점에서 보면 VR은 일상에서 결코 경험하지 못한 것을 경험하도록 사람을 끌어모으는 기회가 있다. 랄프 로렌이 여러분을 윔블던의 중앙 코트로, 아우디는 새로운 R8과 함께 뉘르브르크링(독일의 본(Bonn)남부 아이펠(Eifel) 고원에 있는 자동차 경주용 환상(環狀) 도로; 세계적인 난(難)코스로 유명)

로, 페로니는 밀라노의 1950년대 영화 속 한 장면으로 데리고 간다. 이것들은 모두 소비자로서 저자가 해 보고 싶은 것이고 사람들을 브랜드와 상품에 더 가깝게 연결하는 것들이다.

업계는 곧 선보일 몇 개의 기술로 크게 고양돼 있다. 인사이드-아웃 트래킹(inside-out tracking, 트래킹 카메라는 추적 대상 기기에 인식지표는 외부에 설치됨. 별도의 외부 장치가 필요 없이 휴대용 장비에 적합. 외부 카메라가 카메라 시야에 들어온 기기를 추적하는 아웃사이드인 시스템에 반대개념)과 증강현실이 중요한 요인이 될 것으로 보인다. VR이 잠재력을 발휘하고 VR 수용을 촉진하기 위해서는 모바일 기반 측면이 결정적으로 중요하다. VR의 진정한 도약을 위해 모바일 경험이 현재의 유선 경험만큼 좋아져야 하는데 이것은 단지 시간문제일 뿐이다. 오큘러스 고(Oculus Go)와 바이브 포커스(Vive Focus)의 출시로 대중을 위한 차세대 무선 VR 헤드셋이 선보이게 될 것이다.

여기에 더하여 VR과 3D와의 빈번한 비교에 대해 지적하고 넘어가겠다. 3D는 기존 매체가 진화하거나 응용한 것으로 16×9 크기의 콘텐츠에 깊이감을 추가하여 보는 방식이다. 그 콘텐츠는 우리가 보는 스크린을 기반으로 하고 시야의 비교적

적은 부분을 차지한다. VR은 완전히 새로운 매체다. 어떤 것의
진화도 아니고 콘텐츠를 소비하는 전적으로 새로운 방식이다.
사용자는 콘텐츠 안에 들어가 일부가 되고 미지의 곳에 동화
되며 교류하고 게임하며 감상하고 공동 작업할 수 있다. 우리
는 VR의 가능성에 대해 아직 수박 겉핥기 정도도 하지 않았다.
6장에서 VR이 대중 수용이 어떻게 또 언제 될지에 대해 자세
히 논하겠다. 갈 길이 멀지만, 이것은 사람들이 미디어를 소비
하고 상호 교류하는 방식의 대변화에 대한 것이다. 이런 일이
하루아침에 이뤄질 수는 없는 법이다.

선구자의 관점

저자는 운 좋게도 VR 업계의 선구자 중 한 사람인 조나단 월
던과 대화를 할 수 있었다. 우리는 앞서 언급한 그의 1990년대
회사인 가상현실에 관해 이야기를 나눈 바 있다. 가상현실은
VR의 첫 물결의 일부로, 저자의 유년시절의 VR 도구 중 상징
적인 물건이었다. 조나단은 AR에 중점을 두고 실리콘 벨리에
위치한 회사 디지렌즈를 설립했다. 저자는 VR과 VR의 과거,
현재, 미래에 대한 그의 생각을 주제로 대담을 나눴다. 여러분
은 이미 이 여행을 시작한 사람의 멋진 통찰력에 대해 알게 될
것이다.

대담

스튜어트 VR의 초기 시절에 가상현실에서 했던 작업은 정말 굉장했다. 시대를 훨씬 앞서간 것 같다.

월던 너무 앞섰다!

스튜어트 기술이 아이디어를 못 따라가는 점이 유일한 장애였던 것 같다.

월던 맞다. 부품을 모두 모으는 일이 과제였다. 그래픽 카드의 운영체계를 작업하고 있었는데 대량 코드 프로세서의 첫 표본이 막 쏟아져 나와서 실시간 그래픽 세대가 탄생 될 수 있었다. 우리는 텍사스 인스트루먼트사(社)(미국의 전자·전기 제품 회사)의 계단 문간에 앉아 있곤 했는데 이때가 바로 그래픽 카드가 시작된 시기이다. 그러니까 그 당시엔 그래픽 칩이 없었다. 통합 시스템을 만들기 위해 하급 부품 기술의 모든 것들을 다 집어넣어야 했다. 현재까지도 항상 문제가 되고 있는 부분인데 랙이 적은 고성능의 실감 나는 그래픽을 얻는 것이 가장 중요한 일이다. 진짜 같은 몰입 환경을 제공하기 위해서는 모든 3D의 깊이 단서와 필요한 입체영상, 모든 조합에 대해 고민해야 한다. 그것이 진짜 문제고 시각이 항상 가장 큰 장애였다. 핵심이 꼭 기술은 아니다. 콘텐츠 제작자로서 잘 알겠지만 이건 몰입 감각이고 사람이 세상과 실제 교류하는 환경에 있다. AR은 한 단계 진보한 건데 SLAM(위치 측정과 지도

작성이 동시에 일어남) 기술과 표지부착(tagging), 즉 현실 세계
의 물체를 중첩시키는 능력이 증강되고 데이터와 실세계를
병합할 경우 많은 면에서 좀 더 실용적인 활용이 가능하다.

잠깐 SLAM에 대해 설명하겠다. SLAM은 컴퓨터나 모바일
장치의 성능인데 그 환경을 감지하고 역동적으로 위치를 업데
이트하는 것이다. 그렇게 함으로써 중첩된 콘텐츠가 그 위에
올려지거나 자동화 주행처럼 환경을 해석하는 일을 한다. 월
던 박사는 두 개 정도 이러한 용어를 언급했는데 본서에도 매
우 연관이 있기에 다음번에도 또 설명할 예정이다.

대담

스튜어트 AR은 활용도에서 스마트폰 같은 잠재력이 있는
반면, VR은 발동이 훨씬 늦게 걸리는 것 같다.

월던 어느 정도에서는 VR이 AR보다 훨씬 까다롭다고 생
각한다. 완벽하게 합성해서 진짜 같은 세계를 만들기 위해
서는 광대한 전경을 많이 강조해야 하고 모든 픽셀로 가득
차야 한다. 고해상도 성능과 부품을 철저히 분석할 때 가능
하다. 여기서 AR 디스플레이를 위해 작업하는 렌더링 부하
하락(foveated rendering)을 가지고도 오르기엔 힘들다. 우리의

접근법은 이미 필요가 입증된 곳을 극복했고 상당히 체계적이라고 생각한다. 그러고 나서 AR과 함께 마케팅과 전자 상거래 같은 곳으로 확장하는 것이다.

렌더링 부하 하락 역시 핵심 용어로 시각이 보고 있는 바로 그 부분만이 고해상도를 유지할 수 있다는 개념이다. 주변의 다른 쪽은 해상도와 초점이 떨어진다. 여러 측면에서 이것은 실제 눈의 작용과 비슷하고 원칙적으로 프로세서 전력과 부품으로 저비용으로 더 좋은 해상도를 구현한다는 의미다.

대담

스튜어트 VR이 AR로부터 떨어져 나갈 거 같다. 왜냐면 박사 같은 분이 AR 전방 시현 장치(heads-up displays)를 완성하면 사람들도 그 장치를 사용할 수 있게 되고 더 많은 시각을 확보하고 VR을 만들기 위해 매일 매일 사용하지 않겠는가?

월던 맞다. 우리는 매우 광역의 VR 디스플레이 작업을 하고 있어서 몰입 적인 실시간 VR 환경을 만들고 있다. 백엔드 시스템(back-end system)과 기술 능력은 약간 차이가 있을 필요가 있지만 시각 경험에 있어서는 모두 같은 과제다. 단지 한 개는 실세계의 중첩 데이터로서 태킹을 하는 것이고,

다른 하나는 기본적으로 완전히 합성적인 세계를 만드는 것이다. 아마 더 진보한 AR이 VR 활용에 통합되거나 그 반대일 것 같다. 이를테면 한 우주적 장소에서 데이터를 중첩하면서 두 세계를 병합하는 것과 같다.

스튜어트 AR, VR, MR의 차이를 설명해 달라.

월던 혼합 현실(MR)이란 용어에는 동의하지 않는다. 누군가가 구별을 위해 마케팅 용어로 만들어낸 것으로, AR이면 충분하다고 생각한다. MR은 SLAM 측면에서 차이가 있고 정확한 태깅과 AR에서는 불필요한 다양한 다른 신호가 요구된다. 그런 점에서 MR은 AR이 충분한 쌍방향이 안 되거나 환경에 몰입이 안 된다는 지각에서 나온 것 같다. AR은 주위 환경에 중첩되는 콘텐츠 이상의 것이다.

스튜어트 마케팅과 박사의 원래 작업에 관한 질문이다. 가상현실 작업을 할 때 마케팅을 한 적이 있나?

월던 최근에 런던에 있는 이매지네이션(Imagination)이라는 업계 최고 수준의 마케팅 회사 직원과 이야기를 한 적이 있다. 몇 년 전에 그쪽 사람들과 포드 자동차와 투자자인 IBM 사이에서 조인트 벤쳐를 해서 포드 갤럭시를 출시했다. 런칭쇼에서 12개의 주문제작 VR 시스템을 일렬로 세워 모의 시승을 선보였다. 차의 모든 장점을 둘러볼 수 있고 가상 운전도 가능했다. 사물과 쌍방향을 하면서 다른 특징들도 찾아냈는데, 가장 중요한 점은 차에 대해 배우며 서 있는 채로 운전을 할 수 있는 점이다. 이것이 우리의 한 사례이다.

또 한 가지는 총기 제작 회사인 올린(Olin)인데, 스키트라고 해서 공중 표적 사격 같은 데 사용되는 것을 판매하는 곳이다. 우리는 그 회사 고객들이 미국 전역을 여행할 때 가져갈 수 있는 시스템을 만들었다. 레크리에이션 사격용 스키트를 팔 때 VR 시뮬레이터를 사용할 수 있게 하는 것이다. 스키트 사격이나 머리 위에 던지는 것들을 쏘기 위한 것이다. 한 번은 에어버스(Airbus)에서 박람회용으로 한번 작업을 한 적이 있는데 항공기 주변을 걸으면서 좌석을 들어 올리고 항공기 내부를 리디자인하는 일이다. 비행기 동체 밑의 유선형 공간을 재설계했고 브랜드에 맞게 색칠했다. 우리는 아무 도구가 없는 것처럼 모든 콘텐츠를 직접 제작하기 때문에 모든 일을 맨 처음부터 시작한다. 포드 작업은 수백만 달러가 드는 런칭쇼였다. 이 쇼 뒤에는 많은 돈이 오갔는데 이것이 주안점이다. 지금 생각해 보면 AR 킷 같은 것이나 다른 쌍방향 콘텐츠 개발 환경에서는 단지 프로모션뿐 아니라 너무나 많은 기회가 있었다. 하지만 그 이후에는 고객이 콘텐츠에 더욱 감정 이입하고 상품을 살펴보기 위해 다운로드를 해야 한다.

이케아 같은 경우, 사람들이 자신들의 집에 가구를 배치할 수 있는 장소로 전체 카탈로그를 모두 통합한다. VR이 사람들이 선호하는 매체가 될 것이라고 진심으로 생각한다. 브랜드들이 이 분야에서 일해 온 소규모의 혁신적 회사들을 인수하기 시작하는 것을 아마 목격했을 것이다. 웹사이트가 생기기 시작하던 인터넷 초창기 시절처럼 이제 AR/VR 웹사이트나 AR/VR 익스텐션이 생길 것이다. 모든 디지털 콘텐츠와 디지털 미디어 전략의 일부가 될 것이다. 핵심은 이런 종류의 앱을 지원할 수 있는 장치를 만들고 더 주목할 만하고 사람을 사로잡으며 자연스러운 인터페이스를 제공하는 것이다.

스튜어트　1950년대 모튼 헤이리그의 작품을 본 적이 있나?

월던　센소라마 말인가?

스튜어트　그렇다, 그는 1960년대에 오큘러스 리프트하고 너무 비슷한 것을 특허로 출원하기까지 했다!

월던　오큘러스 리프트, 맞아. VPL이 당시 그것과 유사했다. 커다란 필드 센서와 뒷면의 스크린은 정말 거의 변하지 않았다. 하지만 둠의 발명자인 존 카맥이 그래픽 작업을 할 때 — 스팀의 마이클 애브래쉬(Michael Abrash)도 데려왔더라 — 정말이지 그 두 사람은 다르게 할 줄 알았다. 정말 믿을 만한 사람들이더라. 나머지는 그냥 우스꽝스럽다. 1,000달러짜리 PC에 500달러짜리 헤드셋은 소비자 기기로 구성이 안 된다. 다 합쳐서 500달러 이하가 되어야 한다.

스튜어트　그것이 오큘러스 고가 하려는 건가?

월던　그렇게 되기를 희망한다. 기기의 문제 해결과 4000 ×

4000 디스플레이가 가능한 전자를 이동하는 능력에 관해서는 근본적인 것들이 있는 것 같다. 이게 바로 필요한 일이다. 이런 종류의 콘텐츠를 실시간으로 이동하려면 120헤르츠에 최소 10밀리세컨드가 더 걸리고 물리적으로 대립한다. 기존의 전자공학으로는 도저히 실시간으로 버틸 수 없을 것이다.

스튜어트 VR이 이번에는 살아남을 수 있을 것 같나?

월던 물론이다. VR은 물 같은 기본 원소다. VR이건 AR이건 상관없다. 디지털 세상과 현실을 병합하는 것은 인간의 선천적인 욕구다. 세상을 한번 보라. 수십억의 사람들이 거리를 걸으면서 위험하게 폰을 본다. 다음 단계는 그 기술을 좀 더 공감적으로 사람들과 병합하는 것이다. 영화나 짧은 동영상들에서 묘사된 것처럼 말이다. 이 두 가지를 합치면 이 세상은 어떻게 될까? 훨씬 사용하기 쉽고 더 많은 핸즈프리가 되며 몇 년 후에는 할리우드에서 묘사된 여러 가지의 것들과 같이 분명히 성공적으로 실현될 것이다. 이 모든 것이 진행 중이라고 생각한다. 가장 중요한 것은 효율성과 인류가 계속 변화하고 확장하는 세상 속에서 더 효과적으로 사용할 수 있는 능력이다. 우리는 더 다양한 지식과 더 잘 작동되는 일상, 더 신나는 것 등을 추구한다. 모두 디지털이 가능하게 하는 것이다. 그래서 더 자연스러운 인터페이스가 항상 핵심이다.

이것은 천공 카드에서 텔레타이프 스크린으로, 또 그래픽,

태블릿, 스마트폰으로 이동하는 것과 같은 것이다. 그러면 물론 논리적으로 사용감이 좋은 디스플레이는 모든 것을 제공할것이다. 불가분한 부속물이 돼서 완전히 합쳐질 것이다.

또 생산성 면에서도 필요하다. 생산성은 인류의 연료고 생산성은 경제를 촉진하고 인간이 기아를 물리치도록 이끈다. 오늘날 밀이 풍부한 것은 위성이 수확기를 추적하기 때문이다. 수확기는 이제 로봇으로 대체되었으며, 상점에 가서 물건을 사면 모두 태그가 있어서 잘못될 일이 없다. 어떤 식으로 기술을 보든 간에 기술은 일상에 어마어마한 영향을 미친다. 그러니 기술 증진의 잠재적 이익에 대한 어떠한 저항도 있어서는 안 된다. 기술 증진은 생산성을 더 높여주며 모두를 더 나은 삶으로 이끈다.

스튜어트 사람들은 가상현실의 잠재력과 중대성을 모르는 것 같다. 말한 대로 사람들은 디지털과 현실 세계를 매끄럽게 결합하고 싶어한다. 사람들의 꿈이 무엇이든 간에 VR이 할 수 있는 것은 한계가 없는 세상으로 가는 능력이다. 얼마나 이것이 체계적인 가에 따라 사람들은 하고 싶은 것을 원하는 대로 할 수 있을 것이다. 그리고 이것은 굉장히 강력한 일이다. 물론 아주 강력한 힘이기도 하지만 재미와 의사소통 등 모든 것을 위해 좋다. 조절하는 법만 배우면 될 것 같다.

월던 사람들은 윌리엄 캑스턴 이래 소설과 상상력이 이것들을 잘 표현했다고 말한다. VR과 AR은 진정으로 결실을 볼 수 있도록 큰 노력을 기울일 가치가 있다. 이 작업은 비약적으로 이뤄지기보다 단계별로 성취될 것이다.

VR은 무엇인가?

가상현실에 대한 옥스퍼드 영어 사전의 정의는 다음과 같다.

컴퓨터에서 발생하는 3차원적 이미지나 환경의 모의실험으로 스크린이 내장된 헬멧이나 센서에 맞는 장갑 같은 특별한 도구를 사용하는 사람이 실제처럼 보이거나 물리적인 방법으로 상호 교류를 할 수 있음.

메리엄 웹스터 사전은 이렇게 정의했다.

컴퓨터가 제공하는 감각적 자극(빛이나 소리 같은)을 통해 경험할 수 있는 인위적 환경으로, 그 환경에서 일어나는 일을 사람의 행동이 부분적으로 결정할 수 있음. 또는 가상현실을 만들거나 가상현실에 접근하는 기술.

두 정의의 결정적으로 중요한 것은 컴퓨터로 만들어지는 환경과 그 환경에서 상호작용이 가능하다는 점이다. 이 점이 바로 '진짜 VR'이 게임 엔진이나 쌍방향 3D가 되는 그래픽처럼 될 때 일어나는 논란이다.

360도 영상은 본질적으로 교류가 아닌 영화 감상 같은 수동적 경험이기 때문에 이 정의에는 맞지 않는다. 360도 영상은 또 인공이거나 CG 환경이 아니고 실세계를 포착하거나 CG 영상을 조정하는 것과 관계있다. 조정된 CG, 360도 영상의 예는 비주얼라이즈가 인마새트(Inmarsat, 위성을 만들고 배치하는 회사)에서 한 작업을 참조하라.

360도 영상이 위의 정의에 맞지 않는다면 이 책에서 이렇듯 많은 분량을 차지하는 이유는 무엇인가? 그 대답은 첫째 360도 영상은 현실에서 브랜드가 유사한 효과를 원할 때 기존의 전통적인 캠페인보다 마케팅 측면에서 가장 효과적이기 때문이다. 둘째, 360도 영상은 부상하는 기술과 함께 진화하고 있기 때문이다. 이 신기술은 제4의 벽(fourth wall, 무대와 관객 사이를 떼어놓는 보이지 않는 수직면(공간))을 깨며 용적측정 게임의 종말을 가져오고 마침내 쌍방향이 가능한 진정한 VR로 전환할 것이다. 사실 360도 영상을 VR 헤드셋으로 볼 수 있다는 것이 VR 헤드셋의 굉장한 점이다. 실제나 가상의 다른 세계로 이동하며 몰입하는 경험이 가능한 것이다. 이 다른 세상은 곳곳에 있다. 영상이 3D로도 촬영이 된다면 이 세상은 깊이감을 제공할 것이다. 앰비소닉스(ambisonics, 재생음에 방향감을 내는 고충실도 재생)가 추가된다면 소리는 현실 세계에서 듣는 소리와 똑같이 들릴 것이다. 저자는 종종 VR 영화란 용어를 360도 영상과 호환해서 사용하곤 한다.

VR 헤드셋이 있는 360도 영상이라면 브랜드는 콘텐츠를 시청하는 방식에 있어 최상의 방식으로 시청자를 그들의 세계에 몰입하게 하는 능력을 갖게 된다. 그다음에는 유튜브가 페이스북, 비메오 같은 웹 기반의 플랫폼에 같은 동영상을 업로드하여 수백만 명의 사람들에게 전달할 수 있다.

다음으로 지적할 부분은 360도 영상이 빠르게 진화하는 점이다. 부상하는 기술을 채택하는 것은 사람들에게 360도 영상에서 다른 결과물을 선택할 수 있게 하는 것이다. 이것은 '나만의 모험 선택' 책과 비교할 수 있다. 이 단순한 도구는 360도 영상으로 나올 수 있는 쌍방향 참여 또한 가능하며 경계를 흐릿하게 만든다. 다음은 이제 사용되기 시작한 스토리텔링 기법이다. 오큘러스 팀은 스웨이지 효과(Swayze effect)에 주목했는데 스웨이지 효과란 1990년 영화 〈고스트〉에 출연한 배우 패트릭 스웨이지의 이름을 딴 것이다. 영화 속에서 스웨이지는 죽었지만, 사랑하는 사람들을 돕기 위해 그들 옆으로 돌아온다. 하지만 그들은 그를 볼 수 없으므로, 스웨이지는 실망을 하고 무력감을 느낀다. 이것이 사람들의 360도 영상을 볼 때 장면과 연결되지 못하는 느낌, 즉 고스트 같이 느껴질 때의 상황이다. 이에 대처하기 위해 기술이 발달하게 된다. 최고의 방법은 영화 속에서 배우가 시청자를 인지하는 것이다. 이것은 배우가 시청자의 눈을 바로 바라보거나 배우가 말을 거는 것처럼 쉽게 만들 수 있다. 이 단순한 행동이 시청자를 현장으로 데리고 가고 훨씬 더 연결감을 주게 된다.

1982년 영화 〈블레이드 러너〉가 개봉되기에 앞서 오큘러스와 알콘 엔터테인먼트는 블레이드 러너 2049: 레플리칸트 퍼수트(Blade Runner 2049: Replicant Pursuit)라는 VR 콘텐츠를 제작했다. 이것은 CG 경험인데 사용자에게 복제된 악당을 쫓는 영화 속의 반(反)이상향 세계를 통과하며 마천루 사이를 날아다니는 '스피너'를 타는 경험을 제공한다. 이 경험은 CG지만 레일 위에서 실행된다(즉 스피너를 제어하거나 방향 전환은 불가하고 주위를 둘러보며 잠시 타깃에 락을 걸 수 있다). 실제 쌍방향 참여는 없는 헤드셋이어서 진정한 VR이라고 할 수는 없지만 뭐 어떤가? 오직 VR 헤드셋으로만 즐길 수 있는 최고의 멋진 모험 오락물인 것이다. 이것이 바로 VR의 정의다. 그러므로 저자는 마케팅 상의 VR을 새로운 방식으로 정의하고자 한다.

가상현실: 쌍방향 혹은 수동적 소비 방식으로 헤드셋을 쓰고 경험할 수 있는 실제 혹은 가상 환경

VR의 목적지는 어디인가?

VR은 현재 형태와는 완전히 다른 새로운 것으로 진화하려 한다. 헤드셋을 끼면 완벽히 역동적이고 자연스러운 무제한 세상으로 이동할 수 있다. 직관적으로 항해하며 교류할 수 있는 대체적 세상이 될 것이다. 자연스럽게 접촉하고 만지며 교류할 수 있는 햅틱 같은 기술이 인터페이스가 된다. 스크린에서 픽셀이 보이지 않고 오디오는 완벽해지며 입체적으로 되고 실제 세상의 재창조가 될 것이다. 콘텐츠와 일치하여 느낄 수 있는 것이다. 여기에서 사람을 만날 수 있고 같이 게임을 하며 즐길 수 있다. 또 협업하고 배우며 훨씬 더 많은 것을 할 수 있게 된다. 이것은 닐 스티븐슨의 공상과학 소설《스노우 크래쉬(Snow Crash)》(1992)에서 처음 소개된 '메타버스'(Metaverse, 현실세계를 의미하는 유니버스와 가공, 추상을 의미하는 메타의 합성어로 3차원 가상세계를 의미)가 될 것이다. 메타버스에서는 자체 마케팅이 가능하며, 집 밖으로 뛰어나온 마케팅은 가상세계에서 또 다른 생명을 부여받는다. 이번에는 광고판이나 비용 같은 현실적 문제의 제한 없이 말이다. 케이치 마츠모토의 무시무시한 책

《하이퍼 리얼리티(Hyper-Reality)》(2016) 속의 증강현실과 함께하는 미래 생활에 대해 잘 아는 독자도 있을 것이다.

　이 세상이 어떤 모습일지 누가 알겠는가? 건축가에게 재료나 형태, 비용, 제작 시간의 제한 없이 원하는 대로 건물을 지어보라고 한다면 정말 멋진 결과물이 나올 것이다. 약간은 무시무시한 점도 있을 것이다! 아무 곳에나 가상 건물을 세울 수 있다면 경관은 엉망으로 흉물이 될 수 있기 때문이다. 그렇기에 일종의 시스템이나 규제가 필요하지만 누가 이것을 결정하겠는가? 메타버스를 소유하는 플랫폼이 결정할 것인가? 아니면 플랫폼 애그노스틱(platform agnostic, 어떤 운영체제나 프로세서의 조합에 대한 지식이 없이도 기능을 수행할 수 있는 소프트웨어 기술)이 할 것인가? 약간은 옆으로 벗어났지만, 이 주제는 VR의 미지의 미래와 관련된 복합성, 규모, 그리고 메타버스의 탄생에 대해 알려준다. 말 그대로 완전히 새로운 세계가 될 것이며 따라서 마케팅 플랫폼 역시 완전히 새로운 것이 될 것이다. 이것은 개발의 맨 초창기에 발생하는 도시의 모습, 즉 조직적으로 구석진 곳에 군집해 있거나 사회의 엄격한 규제 조직상에서 빛나는 새로운 가상 대도시가 되는 모습을 말한다. 혹은 날씨나 기타 요인으로부터 보호해야 할 이유가 없기 때문에 건물 자체가 불필요할까? 사실상 실세계의 건물뿐 아니라 구조물 자체가 불필요하다. 아름다운 천연의 경치나 공원이면 충분하다.

VR이 특별한 이유는 무엇인가?

VR은 거의 진짜 같은 방식으로 사람을 장소나 실제에서 가상으로 옮겨간다. 동떨어진 느낌을 주는 영화나 컴퓨터 게임과는 달리 VR은 실행 시 일부가 되는 느낌을 준다. 이것은 보통 콘텐츠를 볼 때 느낌의 차이로 설명된다. 핵심적으로 VR은 마음을 속이는 것으로 다른 곳에 있다고 생각하게끔 감각을 속이는 것이다. 이것을 잘할수록 다른 세계로의 몰입감은 커진다. 완전히 이탈하여 잠시나마 실세계를 잊는 것을 '현장감'이라고 한다.

마케팅 관점에서 이것은 매우 강력한 효과로 청중을 어디든지 데리고 가고 모든 것을 할 수 있게 함으로써 그들을 사로잡을 수 있다. 이것은 모든 소비자에게 완벽한 경험 마케팅을 제공한다. 그저 조니 워커를 마시며 블레이드 러너 기기 위에 앉아 있는 것이 아니라 경찰차를 타고 악당을 추격하며 미래 LA의 마천루 사이를 날아다닐 수 있다. 앞서 설명한 경험의 현란함과 호화스러움뿐만이 아니다. 자선단체들이 잠재적 기부자들을 몰입하게 할 수 있는 진짜 장소와 대의도 있다. 남수단에서 난민으로 사는 것은 어떤 느낌일까? 국민과 의사는 이 힘든 상황에서 어떤 문제에 직면해 있을까? 환자들의 집 앞에 서 있는 현실, 그들을 직접 눈으로 보고 이야기를 듣는 것은 효과가 매우 강력하다. 환자들이 눈을 직접 바라보면 마치 자신이 그들 앞에 실제로 있는 것 같은 느낌이 든다. 사람과의 연결을 느낄 수 있는 것은 이 매체만의 고유한 특성이다. VR에 의해 만들어진 기억이 현실 세계에서의 기억만큼이나 강력하고 생생할 수 있다. 2장에서는 재규어 아이 페이스에 탔을 때 이 차를 훤히 알고 있는 듯한 경험을 한 이매지네이션의 로스 휠러와의 대담을 소개한다. 그는 나중에서야 실제로는 한 번도 그 차를 탄 적이 없고 단지 가상 경험을 한 적이 있음을 깨달았다고 한다.

VR의 현장감

나는 버려진 우주선의 로커에 숨어 있다. 겁에 질려 문을 꼭 잡고 로커의 얇은 금속 문틈으로 들여다보니 내 눈은 나를 몰래 쫓고 있는 외계인을 응시하고 있다! 외계인이 나를 향해 돌아서자 화면이 깜빡이면서 이메일이 도착했다는 알람이 뜬다. 마법은 깨지고 나는 현실로 돌아온다. 주머니 속의 폰이 울리기 시작한다. 조금 전의 이메일이 분명하다. 현장감은 이제 깨졌다.

현장감(presence)이란 '텔레프레즌스(telepresence)'에서 유래한 용어로 '가상현실 기술이 만든 다른 곳에 있게 되는 감각'

이다. 바필드와 동료들(Barfild et al., 1995)은 대상이 가상세계에서 현존 감각을 깊이 자연스럽게 느끼는 상태를 현장감이라고 설명한 바 있다. VR 마케팅의 목적으로 본다면 현장감은 우리가 보유하거나 만든 세상(콘텐츠에 몰입하게 하는)과 고객과의 완벽한 연결로 생각할 수 있다. 현장감으로 이끄는 요인들에 대해서 아래에 설명이 있다. 주의해야 할 점은 현장감이 VR 영화보다 쌍방향 VR 환경에서 쉽게 얻을 수 있다는 것이다. 다음은 VR의 현장감을 이끄는 것 중 강조하는 내용이다.

핵심 포인트

마이클 애브래쉬는 2014년 스팀 데브 데이즈에서 벨브 연구팀의 연구를 아래와 같이 요약했다.

- 넓은 시야(80도 이상)
- 적합한 해상도(1080픽셀 이상)
- 낮은 픽셀 지속성(3밀리세컨드 이하)
- 높은 '새로 고침' 주기(60헤르츠 이상. 95헤르츠는 충분하나 그 이하가 적합)
- 모든 픽셀이 동시에 켜지는 전 세계적 디스플레이(롤링 디스플레이는 시선 추적으로 작동 가능)
- 시각(한쪽 눈 당 최대 두 개 렌즈, 이상적인 광학은 현 기술을 이용하는 것이 비실용적임)

- 시각 측정
- 견고한 추적 — 밀리미터 수준의 정확도로 변환, 오리엔 테이션은 25도 정확도, 소리는 한쪽 당 1.5미터 이상)
- 낮은 지연성(광자 지속으로 20밀리세컨드 모션, 25밀리세컨드면 충분)

애브래쉬의 2014년 목록은 지금까지 VR의 현장감에 필요한 최소 조건으로 유지되고 있다. 현장감에 대한 기술적 장벽 일 수도 있는 이 문제들은 현재는 대부분 해결되었다. 그러나 일부 특히 픽셀 밀도는 여전히 현장감을 깨는 요인으로 작용한다. 시장에 나온 구매 가능한 최고 해상도는 삼성의 오디세이와 HTC의 바이브 프로 헤드셋으로 한쪽 눈 기준 1600×1440픽셀이다. 이는 굉장히 높은 픽셀 밀도고 화면을 손에 놓고 보면 픽셀이 보이지 않는다. 눈앞에 두 개의 확대경을 둔 다음 화면을 그 뒤에 뒀을 때만 픽셀을 볼 수 있다(즉 VR에서 하는 것과 마찬가지로). 사람들은 이것을 볼 때 맨 먼저 '초점이 맞나?', '픽셀이 보여'란 말을 하곤 한다. 해상도는 VR에서 픽셀이 보이지 않을 때까지 아직 먼 길을 가야 한다. $1.5k \times 1.5k$보다는 $8k \times 8k$가 필요한데, 이것이 큰 도약으로 수년 안에 가능하리라고는 생각하지 않는다. 시야 역시 도약이 필요하다. 현재 HTC의 바이브는 110도다. 우리는 시야의 검은 테두리가

150도에 가깝게 되기를 기대한다. 이 문제들을 해결하기 위한 신규 기기가 곧 출시될 예정이다. 프리맥스 테크놀로지의 '8k' 헤드셋이 그중 하나다(그림 0.12). 눈이 따끔할 정도의 8k 해상도를 보장하고 리뷰와 후기를 보면 매우 인상적이라고 한다. 스타VR은 좀 더 시야에 집중해서 거대한 210도×210도의 수평과 수직이 각각 평면이다. 그러나 현장감에 영향을 미치는 것은 기술 외에 인간공학 쪽이 더 크다.

VR 시청의 물리적 환경

이점은 자주 간과되지만 실은 매우 중요하다. 편하게 앉아 있는가? 안전하다고 생각하는가? 헤드셋은 잘 부착돼 있으며 편안하고 잘 조절돼 있는가? 이러한 분산 요소가 진짜와 가상세상 사이에 끼어 있는 듯한 느낌을 주며 최적감을 느낄 수 없게 한다.

6 자유도(3차원 공간에서 운동하는 여섯 가지 회전 및 병진 동작 요소)로 움직이는 능력

예를 들어 3D 공간을 통과하여 어떤 방향으로 가고자 한다고 치자. 이것이 VR 영화가 기대에 못 미치는 점이다. 시청자를 한 시점으로 고정해서 위, 아래, 주위는 볼 수 있게 하지만 그들이 마음대로 왼쪽, 오른쪽 혹은 위로 움직일 수는 없다. 만약 사람들이 이런 식으로 움직이려고 하면 가상세계는 기대하

그림 0.12   프리맥스 테크놀로지의 '8k' 헤드셋

자료   이미지 제공: 프리맥스 VR (2018)

는 대로 반응하지 못하고 현장감을 깨뜨릴 것이다.

자신이나 다른 사람 보기

VR에서는 종종 몸에서 분리되거나 장면 속을 떠다니게 된다. 사람들이 가장 먼저 하는 일은 아래를 보며 '내 손이 안 보여!'라고 말하는 것이다. 이것은 현장감 파괴자로, 자신의 손을 보면 최소한도로 크게 현장감을 늘릴 수 있다. 비주얼라이즈에서는 진짜 현장감을 경험하고자 와이어드와 함께 '더 셸'이라고 부르는 경험을 만들었다. 우리는 비콘 모션의 매우 복잡하고 향상한 캡처 시스템을 사용하여 팔과 다리, 머리의 몸 위치를 정확히 기록했다. 그리하여 셸에서 빠져나오는 수수께

끼를 해결할 때 우리 자신의 '사이보그' 몸을 볼 수 있었다. 이 매우 복잡한 시스템을 이해하는 기술적 과제를 해결했을 때, 그 결과는 매우 환상적이었고 우리는 VR의 진정한 현장감을 경험할 수 있었다.

인지되기

VR 현장감의 큰 문제는 '스웨이지 효과'란 멋진 이름을 갖게 된다. VR 장면을 만들기 위해 실물 크기의 진짜 인물이 이야기를 만들지만, 이야기에 영향을 미치거나 인지되기는 어려워 마치 패트릭 스웨이지의 영화 〈고스트〉의 주인공이 된 듯한 느낌을 받는다. 그는 자신을 듣거나 볼 수 없는 친구와 가족을 도울 수 없는 진정한 현장감의 파괴자였다. 이것을 완화하기 위해 사용자를 인지하는 캐릭터를 만들 수 있다. 즉 캐릭터와의 시선 맞춤이나 질문 던지기 등 이다. 이런 접근법은 장면과의 참여감을 심화하는 데 도움이 된다.

소셜 교류

플레이스테이션 VR의 리차드 막스는 현장감의 가장 중요한 면은 같은 VR 장면을 공유하는 사람들과의 대화가 가능해지는 것이라고 단정한다. 저자는 LA의 오큘러스 커넥트 학회에서 시연이 있을 때 오큘러스의 '토이 박스'라고 불리는 VR 경험을 경험했다. 저자는 오큘러스 직원들과 경험을 공유했는데 정말 멋졌다. VR에서는 가장 단순한 생각이 최고가 되고 토이박스도 예외는 아니었다. 저자는 새총, 다이내믹 스틱, 레이저 건, 원격 조종 장난감 차 같은 온통 게임 천지인 이곳에 많은 아이들과 함께 있었다. 앞에는 다양한 도자기 주전자가 회전하는 플랫폼이 있고 마음대로 창조적으로 부술 수 있는 그릇이 있다. 저자에게 가장 놀라웠던 것은 눈앞에서 떠다니는 파란 손이 달린 떠다니는 파란 머리였다. 그가 '안녕'이라고 말했을 때 저자는 게임의 일부라고 생각하고 대충 '안녕'이라고 인사해 줬다. 그러나 그는 끈질기게 질문을 하며 저자가 물건을 고르는 방식에 대해 이야기했다. 저자는 그가 진짜 사람임을 깨닫게 됐다!

정말이지 충격이었다! 저자는 그와 대화하며 게임을 했고 가장 멋진 것은 탁구채를 집어 그와 함께 앞뒤로 공을 치는 일이었다. 물리적으로 완벽했고 지연도 없었다. 저자는 이 낯선 이와 실시간으로 이야기하고 웃었다. 완벽한 현장감을 경험했다.

이 책의 내용에 관하여

이 책은 기술의 역사에서 비할 데 없는 속도로 변화하는 현재의 VR의 마케팅에 바탕을 두고 있다. VR 경험의 진화는 영화나 게임의 진화와 비교하면 빛의 속도로 보일 수 있다. 프로젝트는 거의 주 단위로 변하는 기술의 반복을 이용하여 만들어진다. 페이스북이나 유튜브 같은 플랫폼이 앰비소닉스, 3D, 적외선 열지도 같은 것을 소개하기도 한다. 저자가 2006년 몰입 기술의 응용을 시작한 이래, 이 책에서 소개되는 정보는 꼭 알아둬야 하는 것들로 정리하였다. 그리고 시장에서 나온 모든 새로운 움직임과 함께 이 정보에 따라 전문 분야의 지식을 적용해야 할 것이다. 광고업계는 새로운 것을 좋아하고 VR보다 더 빠르게 움직이는 업계는 없다.

1

VR 마케팅, 왜 해야 하는가?

가상현실은 사람과 연결하는 완전히 새로운 방식이다. 사람을 다른 세상으로 이동시키는 새로운 스토리텔링 방법이다. VR은 사람들이 실제로 다른 일을 하거나 다른 곳에 있는 것 같은 경험을 하게 한다. 마크 저커버그는 다소 진부하게 들릴 수 있는 이동기기라는 용어를 썼지만 크게 벗어난 말은 아니다. 이번 장에서는 왜 이 뉴 미디어가 중요하고 빠르게 마케팅 활동에서 핵심이 되어가고 있는지 알아보며 공동 창업자인 앤서니 간주우와의 대담을 소개한다. 현재 그는 차임/CSM의 혁신 및 기술 대표로 전념하고 있다. 앤트는 마케팅 회사인 CURB를 2008년 창립하여 2016년 세계적인 스포츠 마케팅 그룹인 CSM에 매각했다. 그의 최초 고객은 미국 대통령인 버락 오바마였으며 매각 전 CURB를 통해 1천 100만 파운드의 수익을 낸 바 있다. 마케팅과 기술을 혼합하는 기회에 대해 놀라운 생각을 가지고 있는 앤트는 왜 가상현실인가라는 질문에 대답할 수 있는 최고의 대담자다.

대담

스튜어트 일반적으로 마케팅에서 VR을 하는 이유는 무엇인가?

간조우 주된 이유는 VR이 가상세계에서 가장 몰입감 있게 연결하는 쌍방향 콘텐츠이기 때문이다. 다른 매체에서는 불가한 방식으로 고객을 브랜드 및 마케팅 수단의 핵심으로 데리고 갈 수 있다. 고객의 모든 감각을 완전히 아우르는 환경을 만들 수 있다.

스튜어트 경험 마케팅과 VR의 관계는 어떻게 보는가?

간조우 경험 마케팅은 브랜드나 상품을 실체적으로 경험하는 것이다. 고객을 브랜드에 몰입시킴으로써 브랜드에 참여한다는 느낌과 브랜드의 스토리 및 제품이 제공하는 바를 더 깊이 이해할 수 있게 한다. 반면 VR은 다른 어떤 매체보다 더 강력하게 고객을 브랜드가 말하고자 하는 이야기로 쉽게 데려간다. 실제를 대체할 순 없으나 로레알을 위해 웨스트필드 쇼핑센터 한가운데에 열대우림을 불러올 수는 있다. 고객은 브랜드의 일부가 되는 것이 어떤 느낌인지, 또 브랜드의 가치와 비전을 알 수 있게 된다. VR은 고객을 경험시키고자 하는 환경으로 데려가는 쉬운 다리를 만든다. 현재 이 환경은 보통 공공장소지만 가정의 형태도 점점 더 많아지고 있다. 경험 활동이 모든 곳에서 가능해지는 것이다!

스튜어트 VR에서는 '콘텐츠 마케팅' 세계를 어떻게 생각하나?

간조우 콘텐츠 마케팅을 통해 주목을 끌어내는 것이 브랜드의 모든 것이다. VR은 이것을 매우 크게 단축해서 이뤄낼 수 있다. VR이 생기면 참신하고 재미있으며 새롭고 다른 매체에서는 불가한 방식으로 사람들의 상상력을 사로잡을 것이다. 본질적으로 그 몰입성 때문에 보고자 하는 것이면 어떤 것이든지 브랜드가 원하는 방식으로 고객을 데려갈 수 있다. 2D나 3D 매체와는 완전히 다른 경험이다. 이것은 고객을 마케팅 및 소통 전략에 훨씬 즉각적으로 몰입시킬 수 있음을 의미한다.

스튜어트 선점자 이익(First-mover advantage)은 어떤가요? VR이 아직 참신한가?

간조우 내 생각에는 하드웨어로 사용되는 시점에 도달한 것 같다. 헤드셋부터 바디웨어, 연결 센서, 초감각 부품까지 상상 가능한 모든 면에서 점점 더 좋아지고 있다. 참신하다는 느낌이 있기는 하지만 엄청난 소비자 언론과 헤드셋만 쓰면 다른 세상이나 시간을 보는 VR에 대한 관심 덕에 참신함을 넘어서고 있다. VR이 처음 출발했을 때보다 몇 배가 좋은 경험을 만드는 하드웨어에 수십억 달러 규모의 큰 제조업자들이 투자하고 있다. 그러니 참신한 것에서 2013년에서 2014년에서는 볼 수 없었던 훨씬 광범위하게 몰입적이고 가치 있는 것이 됐다. 현기증 문제는 계속 처리하는 중이고 해상도는 정말 좋아졌다. 헤드셋의 성능과 성능을 강화하는 기기들이 기하급수적으로 개선되고 있다. 하드웨어가 진화하는 속도, 또 훨씬 본질적이고 진짜 같으며 진정한 가상 경험을 만드는 것은 기업이 새로운 것을 넘어 브랜드가 고객과 연결되는 것을 돕는 고유한 콘텐츠 미디어가 되도록 촉진한다. 우리는 가상세계 자체를 위해 가상세계를 하는 시간은 지났다. 브랜드는 이제 가상세계가 무엇을 할 수 있는지 매우 신중하게 알아봐야 한다고 생각한다. 브랜드와 마케팅, 소통에 생기를 불어넣는 수단이 될 수 있으며 사용법에 있어 현명하고 전략적이어야 한다. 그저 가상세계라서 사용하는 것이 아니란 말이다.

스튜어트 VR을 활성화하는 것이 어렵다고 생각하나?

간조우 VR은 제작부터 창조적인 스토리보딩까지 소비자가 몸으로 경험할 수 있는 방식이다. 콘텐츠의 배포와 투자 수익률의 관리에 걸쳐 완전히 새로운 일련의 과제를 제시한다. VR은 기존의 콘텐츠 매체와는 완전히 다르기 때문에 어려운 과제다. 현실에서는 VR안의 수백 명의 여러 이해 당사자들, 즉 콘텐츠 제작자, 대행사, 고문, 감독, 경험 대행사, 하드웨어 제조업자, 소프트웨어 제조업자들이 VR 모험을 쉽게 하려고 애쓰고 있다. 하드웨어 역시 훨씬 진짜 같고 특별한 VR 경험을 만들기 위해 진화하고 있다. 업계의 많은 당사자들은 현황을 탐색하고 좋은 VR을 제작하며 VR의 증가로 유발되는 장기적인 가치를 보유하기 위해 돕고 있다. 점점 더 고객이 VR 산업을 더 쉽고 효과적으로 탐색하고 궁극적으로 활성화할 수 있도록 수백 명의 업계 사람들이 돕고 있다.

스튜어트 VR에서 가장 이익을 얻는 업계는 어디일까?

간조우 브랜드의 환경에 고객을 몰입하고자 하는 모든 업계가 해당한다. 그 정도로 광범위한다. 호텔, 자동차, 관광, 놀이 원, 예를 들어 디즈니같이 기본적으로 소비자를 가깝게 끌어들이는 콘텐츠가 있는 브랜드들이다. 저작권이 있는 분야는 특히 잠재성이 많은 데 스포츠 같은 경우 보통 2D로 가능한 것이 360도로 재창조되거나 VR로 나올 수 있다. 스포츠에서는 팬을 경험에 좀 더 가깝게 끌어올 수 있고 경험의 일부처럼 느끼는 것이 가능해서 브랜드와 마찬가지로 후원사나 저작권업체에게도 큰 기회가 된다. '돈으로도 살 수 없는 경험'이 가능해지는 것은 팬에게 있어서는 굉장한 것이다. 골대 안에서 공을 잡을 수도 있어서 시청자는 경기장에 있는 것처럼 느낄 수 있다. 선수들을 훈련하는 경험을 만들 수 있으므로 가장 좋아하는 선수를 직접 만나서 같이 경기하는 경험을 할 수 있다. 이것은 가장 큰 브랜드 연상이며 소비자들과 강력한 연결을 형성한다.

물론 라이브 스포츠 이벤트에도 가능성이 있다. 마케팅보다는 오락 분야에 해당하지만, 기존 회사들이 VR을 이용하여 잠재적으로 응원하고 경험할 수 있는 것은 분명히 대단하다. F1이 그 예로 기술자들이 바퀴를 갈고 연료를 채울 때 피트레인(pit lane, 모터레이싱에서 보통 경주로와 평행하며 피트로 리드하는 도로)에 서서 스릴을 만끽하는 것을 누가 원하지 않겠는가? 역시 이것은 다른 식으로는 결코 얻을 수 없는 특별하고 고유한 형태다.

스튜어트 VR 업계의 다음 단계는 무엇이라고 생각하나?

간조우 우리는 VR이 완성되는 시작점에 있다고 생각한다. 다음 10년은 VR을 이행하고 소비하는 방식의 변화가 될 것이다. 〈스타워즈〉를 가지고 게임 더 보이드가 웨스트필드에서 하는 것에 햅틱, 감각, 경험, 움직임 추적 요소를 추가하기 시작하면 브랜드로서는 그야말로 무제한으로 제작 가능한 특별한 경험이 되는 것이다. 기술이 전반으로 퍼지는 방식은 가상현실을 더욱 몰입적이고 연상적이며 진짜같이 되도록 하며 발전한다. 또 가상현실의 막대한 가능성을 이용하는 당사자가 될 소비자에게 브랜드를 더 가깝게 이끌게 된다. 다음 10년에서 20년 후에 브랜드는 가상현실을 제작하는 방식 및 소비자의 경험 방식을 훨씬 더 많이 정의하게 될 것이다.

스튜어트 VR은 얼마나 성공하게 되리라 생각하나?

간조우　VR은 사람들이 콘텐츠를 경험하는 방식에 있어 가장 중요하고 편재하는 매체가 될 것이다. VR이 TV를 대신하거나 모바일 혹은 태블릿의 경험 콘텐츠를 대신하리라고는 생각하지는 않는다. 콘텐츠 매체로써 시장의 규모와 범위를 고려했을 때 광고 수입과 전 세계적으로 VR을 사용하는 사람들의 수는 현재의 두 자릿수로 늘어날 것으로 생각한다. VR은 우리의 일부가 될 것이며 계속해서 좋아질 것이다. 브랜드가 VR의 사용과 소비자가 일상에 접목하는 방식을 처리하는 방식이 그 성장을 정의하리라 생각한다. 업계의 성장률을 볼 때, VR은 더욱 만연해지며 소비자의 일상과 접목할 것이다.

전략적 이익

브랜드와의 더 가까운 연결

VR과 경험 마케팅

경험 마케팅은 지난 수년간 대유행하며 방송이나 언론에 의해 빠르게 채택되었다. 본질상 경험은 소비자가 제품을 직접 만져보고 브랜드를 연상하는 멋진 순간을 제공하며 기존의 광고를 따돌린다. 고객은 광고를 무시하는 데 점점 더 능숙해지며, 수년 후 그 결과는 가히 충격적이 될 것이다. 따라서 제품의 시연을 위한 고유한 영역을 만드는 것은 기존의 광고판 보다 훨씬 더 많은 추동력과 투자 수익률로 이어진다. 경험의 멋진 예는 샌디에이고의 코믹콘 인터네셔널(1970년부터 미국 샌디에이고에서 매년 7~8월경에 개최되는 국제 만화 박람회)에서 거행한 블레이드 러너 2049 경험이다. 행사는 이 상징적 영화의 바 장면을 완벽히 재창조했고 팬들은 영화 속에 있는 듯한 느낌을 받았다. 팬들은 LA 경찰의 복제인간 수색을 따돌리며 초밥을 먹는다. 또 영화 속의 의상과 소도구를 구경하며 무엇보다 바에 앉아 조니 워커를 주문할 수도 있다. 사람들은 이렇듯 멋진 경험을 하며 많은 사진을 찍고 공유하며 제품을 매우 고조된 정서적 상태로까지 경험한다. 물론 이것을 경험한 사람들의 수는 고속도로의 광고판을 보는 사람들보다 적을 것이다. 그러나 어떤 것이 더 많은 연상과 제품 후기를 발생시키겠는가? VR은 경험의 진화이자 현재 경험 산업의 필수적인 일부이다. 앞서 언급한 조니 워커의 블레이드 러너 경험을 예로 들어보자. 세트장을 걸어 들어가면 배우가 다가오고 영화 장면의 일부가 된 듯한 느낌이 든다. 그러나 여기까지만이다. 반면 VR 실행 시에는 또 다른 경험 부분이 있다. 사람들은 특별 제작된 의자에 앉도록 초대되어 헤드셋을 쓴다(삼성 기어 VR). 그런 다음 '경찰 스피너'(날아다니는 차)를 타고 미래적인 LA의 마천루 사이를 날아다닌다.

이러한 VR 요소의 부가물은 고객이 전체로서의 더 큰 경험으로 전체 행사를 맥락화할 수 있도록 한다. VR은 스릴 있는 경험뿐 아니라 그 일부가 됐다는 느낌을 주는 이야기도 제공한다. 헤드셋은 그저 콘텐츠를 실행할 뿐, 사람들은 차를 타고 날아다니고 있다. 헤드셋을 벗고 자신들 앞의 부서진 스피너와 주위의 경찰과 배역들을 보면 자연스럽게 교류를 시작할 수 있다. 미국 브랜드 탐스(Toms)에는 매우 독특한 메시지가 있다. 제품을 사면 회사가 어려운 사람을 돕는다는 것이다. 몇몇 사람들은 이 멋진 계획으로부터 혜택을 얻고자 했다. 탐스는 이 사람들이 돕고 있는 페루, 과테말라, 콜롬비아의 아이들을 VR 영화로 촬영했다. 그들은 VR을 이용하여 사람들을 아이들에게 데려가 탐스가 다른 사람들에게 미치고 있는 실제 영향에 눈을 뜨게 했다. 이렇듯 VR은 경험 실행을 심화하며 개별적이고 매혹적인 방식으로 고객들을 또 다른 세계로 몰입시킨다. 그야말로 다른 것은 볼 수 없는 VR 헤드셋을 쓰게 하는 것보다 더 고객을 사로잡는 방법은 없을 것이다.

경험의 진화

경험은 고객이 그저 수동적으로 관찰하는 것이 아니라 제품을 만지고 제품과 교류할 수 있게 한다. VR은 이것을 어디에서나 가능하게 하는데 가정에서도 경험할 수 있다. 주방 조리대에 앉아 있는 동안 헤드셋을 쓰고 〈블레이드 러너〉의 바에 있는 건 어떤가? 이것은 스마트폰과 구글 카드보드 헤드셋으로 가능하고 헤드셋은 조니 워커를 한 병 살 때 사은품으로 받을 수 있다. 지금 이런 종류의 실행은 360도 영상이 가장 실용적이다. 구식 스마트폰으로도 구글 카드보드를 사용할 수 있다. 잠깐 미래를 들여다보자. 몇 년 후에는 바의 직원과 대화를 할 수 있고 심지어 친구들이 영화의 여러 배역들이 되어 그 현장을 함께 볼 수 있을 것이다. 브랜드로써는 매우 강력한 기회다. 현실화하는 것의 유일한 장애는 기술 수용이다. 프리미엄 헤드셋이 많아질수록 멋진 기념할 만한 순간을 여기 브랜드에 바로 적용할 수 있을 것이다!

선점자 이익

VR은 아직 참신하다. 거리에서 마주치는 대다수의 사람들은 VR을 사용해본 적이 없을 것이다. 이 고립감이 VR을 하는 데 방해가 되는 이유일 수 있지만 참신함은 꼭 고려해 봐야 한다. 사람들은 헤드셋에서 다른 사람들을 보고 또 스스로를 보는 것에 끌릴 것이다. 이 효과는 VR을 하는 다른 사람의 모습이 있는 두 번째 화면을 보여줌으로써 최대화될 수 있다. 이것이 역동적이고 흥미로우면 사람들은 직접 사용해 보고자 할 것이다. VR이 아직 새롭다는 것은 특정한 업계나 틈새 산업은 처음 사용한다는 의미로 홍보의 막대한 잠재성을 의미한다. 우리는 많은 언론 보도에 의해 확대 생산되는 많은 경험을 봤다. 홍보비용 없이 거둔 가장 큰 성공은 자선단체인 버드라이프(BirdLife)를 위해 만든 멸종 위기에 처한 펭귄에 관한 영화 〈펭귄과의 산책(Walk With Penguins)〉이다(그림 1.1). 이는 언론 중 최초로 VR 자연 다큐를 제작한 사례로, 사람들이 동물에 가깝게 다가갈 수 있도록 했다. 그 결과 무수한 수상과 함께 〈인디펜던트〉, 〈익스프레스〉, 〈가젯 쇼〉 등의 신문 특집 기사로 이어졌다.

파급력

VR은 스며드는 효과가 있다. 즉 깊이 기억에 남고 강력하게 감정을 자극하며 실제나 상상의 다른 세계로 데려간다.

그림 1.1 〈펭귄과의 산책〉 중 스크린 캡처

자료 Visualise (2017)

VR은 본질적으로 감각을 속이는 것이기 때문에 이러한 파급력이 가능하고 환경, 시야와 소리를 해석하는 가장 강력한 2개의 방식을 대체한다. VR은 마케팅 담당자에게 큰 영향을 미치는 3개의 매우 중요한 속성이 있다.

- 이동성(transportive)
- 인간성(human)
- 기억성(memorable)

이동성

가상현실은 '순간이동 기기'라고 설명할 수 있는데 헤드셋을 쓰면 실제나 가상의 또 다른 세계로 이동할 수 있기 때문이다. 브랜드의 관점에서 이것은 고객을 완벽한 브랜드 경험으로 몰입시킬 수 있는 기회다. 또 최고의 영화나 게임, 경험적 광고를 한순간으로 조합할 기회이기도 하다. 우리가 모두 보고 자란 화려한 TV 광고를 상상해 보자. 그러나 이번에 우리들은 이탈리아 아말피 앞바다에서 리바 보트에 앉아 리 페로니를 마시며 뤼글리의 소녀들이 껌을 씹으며 지나가는 광고 안에 직접 들어가 있다. 정말 좋은 VR은 시청자를 너무나 진짜같이 데려가기 때문에 가끔은 현실을 잊고 가상세계에 완전히 몰입된다. 이 느낌을 '현장감'이라고 하며 이 용어는 이 책에서 자주 사용될 중요한 용어다.

인간성

　넓은 의미로 쓰였으나 VR의 맥락상 사람들에게 정서적 및 신체적으로 영향을 미치는 콘텐츠의 역량을 의미한다. VR은 자주 훌륭한 '공감 기기'로 선전된다. 바로 자선단체에서의 큰 성공 때문이다. 누군가의 옆에 가까이 서서 그들이 말을 할 때 눈동자를 직접 본다면 그 사람이 실제 거기에 서 있는 느낌을 받을 것이다. 그들이 너무 가깝게 다가오면 개인 공간이 침범받는다는 느낌으로 뒤로 물러서고 싶어질 것이다.

　이것의 훌륭한 사례는 우리가 국경 없는 의사회와 작업했을 때이다. 헤드셋을 쓰면 세계에서 살기 가장 힘든 곳, 전쟁과 기아로 고통받는 나라들의 난민 캠프로 이동한다. 사람들은 환자의 집안에서 그들이 먹고 노래하는 동안 가족과 함께 식탁에 앉아 그들의 이야기를 직접 듣는다. 이것의 효과는 놀랍도록 강력하여 기금 모음 캠페인에서 막대한 성공을 거뒀다. 이 장의 후반부에서 이 이야기와 함께 UN이 경험한 대성공에 대해 좀 더 다루겠다.

기억성

　웹에서 기술의 가장 비호감적인 사진 사이트에는 기술 애호가가 입을 벌린 채 눈 위에는 기이한 물건이 돌출된 사진이 올려져 있다. 그러나 다시 살펴보면 이 모든 촬영에는 공통점이 있다. 사람들이 완전히 넋을 잃고 신기해하는 것이다. 사람들은 VR에서 경험한 것을 기억하고 이야기하며 공유하고 싶어한다. VR은 궁극적인 '능동적으로 참여하는' 매체로 진정으로 관객을 매료시킨다. VR이 정말 훌륭해서 현장감을 경험하면 참신함 때문이 아니라 헤드셋에 담긴 콘텐츠의 실용성 때문에 이 경험을 잘 기억하게 될 것이다. 저자의 가장 기념할 만한 VR 경험은 인더스트리얼 라잇과 매직 앤 루카스 필름의 '더 보이드'다. 멋지고 몰입적이며 팀워크를 기반으로 한 촬영은 스타워즈 갤럭시를 기본으로 한 것이다. 저자는 정말로 영화에 들어간 느낌을 받았으며 스릴감과 진정으로 기념할 만한 것의 정수였다.

시각화와 진실성

소비자들이 제품이나 서비스를 구매할 때 방해가 되는 것은 직접 써 보면 느낌이 어떤지에 대한 '시각화' 기능이 부족할 때이다. VR은 사람들이 무엇을 구매할지 말 그대로 보여줌으로써 구매자의 불안을 없앤다. 한 예로 여행사 토머스 쿡과 함께 작업할 때였다. 2015년 영국에서 우리는 뉴욕, 싱가포르, 키프로스, 이집트 등 구매 전 사람들이 구매 전 미리 볼 수 있는 5분짜리 시리즈를 촬영했다(그림 1.2). 이것은 이 여행 상품의 엄청난 판매 증가로 이어졌다(아래 투자 수익률(ROI) 부분 참조).

그림 1.2 비주얼라이즈가 제작 사례: 뉴욕 위에서 본 토머스 쿡 VR 경험 중 스크린 캡처 (2015)

미국의 로우스 백화점은 2015년 '할러룸' 시리즈를 제작했다. 이 시리즈는 고객들이 가상의 방에서 로우스 가구의 여러 물품들을 배치할 수 있도록 하는 것으로, 사람들에게 가구가 현장에서 어떻게 보일지 보여준다. 이 경험 후에는 실제로 구매할 가능성이 훨씬 커진다.

이것은 이케아에서 실행하는 것으로 증강현실 안에서 사용자들이 가상의 이케아 가구를 그들의 집에 배치할 수 있도록 한다.

이것은 또 진짜같이 보인다. VR은 정직한 매체고 특히 실세

그림 1.3 비주얼라이즈의 웨이트로즈 VR 경험 중 스크린 캡처 (2017)

계를 촬영할 때 더욱 그렇다. 2017년 웨이트로즈를 위한 360도 광고 촬영은 이것의 극치를 보여준다. 웨이트로즈는 우리에서 달려 나오는 병아리나 소의 목덜미에 액션 카메라를 달아 찍은 먹이 먹는 모습 등 실제 농장에서 나온 영상을 보여주는 TV 광고 시리즈를 방송하고 있었다. 영상 제작 에이전시인 아담과 이브 DDB는 후속 광고로 TV와 360도로 동시에 촬영하는 16×9 형식의 광고를 제안했다. 이제 사람들은 뒤를 돌아보기만 하면 스튜디오에서 촬영한 TV의 모습이 아닌 실제 장소를 볼 수 있게 되었다. 이 촬영이 말드비스의 참치 낚시다(그림 1.3).

미래를 위한 준비

VR이 미래 미디어의 일부가 되리라는 데는 이견이 없다. 문제는 그 수와 시기다. 많은 회사와 브랜드들이 효과적인 스토리텔링 기법을 배우고 고객을 이 매체의 여행으로 불러들이기 위해 VR을 경험하고 있다. 브랜드가 VR로 여러 콘텐츠 및 고객을 연결하는 언어를 설정할 수 있다면 경쟁자를 훨씬 멀리 추월하며 대량 VR 소비가 현실이 될 때 훨씬 빠르고 효과적으로 움직일 수 있게 될 것이다.

투자 수익률(ROI)

VR의 파급력에 대한 일화를 이야기하는 것은 좋지만 실제 수치는 어떨까? 비주얼라이즈와 업계 전반에서 나온 일부 수치를 소개한다.

토머스 쿡 — 비행 전 확인하세요

이 작업에서는 맨해튼 상공을 날아다니는 헬리콥터를 포함하여 뉴욕 관광객을 위한 최고의 날을 포착했다. 토머스 쿡은 영국으로 돌아와 이 경험을 플래그 스토어에 발표하여 고객이 뉴욕의 가상 여행을 할 수 있도록 했다. 사람들이 여행 상품을 VR로 미리 감상한 결과 판매는 190% 증가했다.

영국 육군 ― 신병 모집

우리는 오르기, 전차 조종, 낙하산 강하 및 군사 훈련까지 육군을 위해 '관점(POV)'이라는 제목의 경험을 캡처했다. 이것은 삼성 기어 VR로 제작돼 영국 전 지역에 걸친 육군 신병 모집 과정을 담았다. VR 경험을 사용하는 동안 징병률은 66% 상승했다.

〈파이낸셜 타임즈(FT)〉 ― 숨겨진 도시, 리우

이 다큐는 2016년 올림픽 게임 준비기간 동안의 리우 데 자네이로의 빈민가로 데려가 고급 주택화가 사람들을 어떻게 변모시키는지, 또 이 멋진 도시에서 어떤 문제가 일어나는지 탐색한다(그림 1.5). FT는 이 다큐가 2,30분의 평균 체제 시간과

그림 1.4 비주얼라이즈의 영국 육군 신병 모집 체허머 중 스크린 캡처 (2015)

그림 1.5 〈FT〉, 구글, 비주얼라이즈의 숨겨진 도시, 리우 중 스크린 캡처 (2016)

0.2%의 이탈률을 보였으며 모든 형식의 제작을 통틀어 가장 성공적이었다고 평했다.

〈시드라를 덮은 구름〉 — 위딘(Within)

〈시드라를 덮은 구름〉은 최초의 난민에 공감하는 VR 영화다. 이 영화는 의미 있는 이야기를 하는 VR의 힘을 보여주며 관객이 다른 사람의 처지에서 생각해 보게 한다.

위딘이 촬영한 이 영화는 스위스의 다보에서 열린 세계 경제 포럼에서 최초 개봉되었다. 영화는 2015년 3월 쿠웨이트의 시리아인을 위한 3차 국제 인도주의적 호소에 앞서 고위 기부자 회의에서 상영되었고, 38억 달러의 기금이 모아졌다. 최초의 상영 이후 영화는 2016년 캐나다의 토론토 필름 페스티벌에 출품됐으며 미시소가, 오타와, 밴쿠버를 돌며 상영했다. 7천 명이 넘는 사람들이 29개의 공개 상영회와 38개의 개인 상영회, 29개의 학교에서 이 프로젝트를 경험했다. 총 95개의 행사가 열렸고, 그 관람자 수는 유의미한 결과를 나타낸다.

시드라 프로젝트는 이 단계에서 다음의 결과를 찾을 수 있었다.

- 응답자 중 95%의 사람들이 시리아 프로젝트가 '난민을 향한 공감을 높였다'에 동의했다.
- 87%는 캐나다의 난민 정착을 위한 도움에 더 의욕을 보였다.
- 73%는 캐나다의 난민 정책을 위한 개인적 혹은 다른 사람을 돕는 행동을 취했다.
- 94%는 많은 사람들이 경험한다면 이 프로젝트가 난민에 대한 더 많은 지지를 형성하리라 생각했다.

이 영화는 자선단체 VR 프로젝트 또는 '공감 VR'로 폭발적인 명성을 얻었다.

구글의 연구

구글 웹사이트인 '구글과 생각하기(think with Google)'에서 구글은 '360도 영상이 그만한 가치가 있나?'라는 질문을 탐색했다. 구글은 컬럼비아 스포츠웨어(Columbia Sportswear)를 위한 경험 캠페인으로 스플릿 테스트(Split test)를 시행했는데 360도 영상 광고가 표준 영상 광고보다 더 큰 참여를 유발하는지 확인하고자 같은 광고를 일반 영상과 360도 영상으로 제작했다. 결과는 놀라웠다. 다음은 보고서에서 직접 인용한 것이다.

핵심 요점

1. 360도 영상은 전통적인 시청자의 측정치를 상회하지 않는다.

놀랍게도 360도 스트리밍 광고는 데스크톱과 모바일 통틀어 일반 광고보다 실적이 낮았다. 이것은 시청자가 전에 일반 영상을 봤다면 360도 영상을 시청하고 싶어 하지 않음을 알려준다. 그러나 흥미롭게도 360도 광고가 다른 강점으로 이점을 보상함을 발견했다.

2. 360도 영상은 시청자들이 더 쌍방향으로 시청하도록 자극한다.

360도 영상 광고는 일반 광고보다 유보율이 낮았으나 360도 광고 역시 높은 클릭률을 보였다. 이것은 시청자가 광고의 전편을 확인하는 것에 더 흥미가 있음을 보여준다. 좀 더 긴 판촉용 영상으로써 360도 버전의 광고는 효과가 매우 좋았다. 시청자들은 원하는 것을 더 알기 위해 전편을 볼 필요가 없다. 얼마나 자주 스크롤하며 시청자가 360도의 기능을 탐색했는지 측정하는 쌍방향 비율은 60초짜리 360도 광고보다 높았다. 이것은 사람들이 30초나 그 이상 시청하지 않는다고 해도 360도 광고가 쌍방향을 통한 참여를 유발함을 의미한다.

3. 360도 영상은 시청자들이 공유하고 구독하며 다른 영상을 시청하도록 한다.

360도 광고는 시청 및 공유, 구독 면에서 일반 비디오를 완파했다. 총 합계에서 360도 광고는 일반 광고에 비해 41%의 행동률(eatned action, 광고를 본 뒤 필요한 행동을 취함)을 보였다. 이것은 또 일반 광고보다 더 많이 또 콜롬비아의 유튜브 채널에 참여하도록 했다. 더 흥미로운 점은 60초 광고를 유지하고 전편 광고는 올리지 않았기 때문에 시청자가 더 긴 버전을 볼 수 있는 것은 광고를 클릭했을 때만이었다. 우리는 시청자가 더 긴 360도 광고를 보기 위해 클릭한 360도 짧은 버전의 클릭수가 일치하리라 예상했지만 실제는 달랐다. 즉 더 긴 360도 광고를 본 사람들은 URL을 복사해서 다른 사람들에게 바로 전달한 것이었다. 우리는 문자 메시지용 앱인 왓츠앱과 아이오에스 메신저가 360도 버전을 위한 트래픽 소스를 명단 사이에 올리는 것을 봤다. 하지만 일반 광고 버전은 없었다. 전편의 360도 광고는 46%의 높은 시청 수를 기록했다. 그 결과 360도 광고는 유기적이고 유료 시청 이 합쳐질 때 시청 당 비용이 낮으므로 더 효율적인 것으로 나타났다.

구글이 시행한 이 연구의 중요한 결과는 일반 영상을 상회 하는 막대한 참여와 공유 및 쌍방향 교류의 증가였다. 궁극적 으로 46%의 공유는 일반 영상의 공유보다 많은 것으로 매체 에 대한 강력한 지지를 나타낸다.

옴니버트 연구

VR/AR 광고 플랫폼인 옴니버트(Omnivirt)는 성능 측정과 업 계의 참여를 벤치마킹하기 위해 천 건이 넘는 광고 캠페인에 대해 연구를 실시했다. 이것은 온라인 사용에 집중되어 있기 때문에 헤드셋은 포함이 안 되지만 VR 제작자에게는 매우 중 요하다. 현실적으로 사람들은 이 방식으로 VR을 더 많이 시청 한다. 연구 결과 360도 콘텐츠 사용과 일반 콘텐츠를 비교했을 때 클릭률이 무려 300%나 증가한 것으로 나타났다! 아래에 중요 연구 결과를 정리해 보았다.

VR을 활용하는 그 밖의 시장

마케팅 업계 밖에서는 의료 서비스와 디자인, 트레이닝과 교육에서 VR 사용의 큰 성장을 목격하고 있다. 이들 업체에서 어떻게 VR을 사용하는지 잠시 살펴보자.

의료 서비스

가상현실은 의료 서비스 부분을 급격히 파괴하려 하고 있다. 2017년 'VR 의사(VR Doctor)'이자 메디컬 리얼리티즈(Medical Realities)의 창립자인 샤피 아메드(Shafi Ahmed) 교수는 최초로 뭄바이와 런던의 전문가들과 함께 합성 현실 헤드셋(마이크로소프트의 홀로렌즈)을 수술 계획을 위해 사용했다. 이후 아메드 교수는 실제 수술 동안의 의사소통을 국제적으로 지원하기 위해 라이브 방송을 시작했다. 이것으로 이 특정한 수술을 시행하는 세계의 최고 전문가들이 가상으로 참석하는 동시에 지식을 공유할 수 있었다. 2016년 아메드 교수 역시 가상 수술을 하는 동안 360도 스트리밍 라이브를 진행함으로써 연수의들이 세계 어디에서나 수술 장면을 시청할 수 있도록 했다.

의료 서비스에서 가상으로 수술하거나 협업하는 기능은 의료 서비스를 혁명화하는 VR의 잠재성에 대한 거대한 빙산의 일각에 불과하다. 수술실에서 외과 의사들은 훈련을 거쳐 '햅틱'이라고 불리는 피드백을 받으며 가상 수술을 할 수 있다. 이것은 그들이 뼈를 건드렸는지 부드러운 조직을 통과했는지 여부를 알 수 있도록 한다. 그들은 수술 전 환자를 스캔할 수 있어서 스캔을 통해 몸의 내부로 이동할 수 있고 메스를 들기도 전에 각 수술 사례의 문제를 이해한다. 로봇 공학을 이용하는 병렬 전개는 가상 수술이 인간의 손으로 하는 것보다 훨씬 정교하고 능숙한 수술이 수술을 가능케 한다. 의료 서비스용 VR은 수술실을 뛰어넘어 우울, 불안, 외상 후 스트레스 장애(PTSD)에 대한 구체적인 연구를 실시했으며 심리적 응용도 더욱 많아지고 있다. 2017년 유니버시티 컬리지 런던(UCL)과 카탈란 고등학술연구소(ICREA)의 연구는 특히 흥미롭다. 연구에서 우울증 환자들은 VR이 있는 방으로 들어가 구석에 있는 우는 아이를 달래도록 요청받았다. 아이를 달래는 그들의 노력이 모션 캡처 슈트에 캡처되었고, 일주일 뒤 같은 경험이 이번에는 아이들 입장을 경험하는 것으로 행해졌다. 우울증 환자들은 가상 버전을 통해 달램을 받는 경험을 했다. PTSD 환자를 위해 기술자들은 부모들이 스트레스를 유도하는 순간을 재창조하도록 하는데 놀랍게도 이런 종류의 직관에 반대되는 노출은 가장 좋은 치료 방법 중 하나이다.

제약회사 역시 빠르게 VR로 움직이고 있다. 가장 큰 영역은 질병 인식 쪽이다. 애브비(Abbvie)는 파킨슨병과 비슷한 느낌의 자극을 하는 경험을 제작했다. 사용자를 쇼핑 같은 일상적 경험으로 데려가며 이 병으로 인한 합병증과 그 좌절을 보여주는 것이다. 더 혁신적인 경험은 GSK VR 헤드셋을 한 쌍의 카메라와 결합하여 편두통을 겪는 사람의 눈으로 세상을 보게 하는 경험으로 실로 무서운 한편 괄목할 만한 것이었다. 그 밖의 다른 경험으로는 자폐증과 간질이 있는 사람들에 대한 공감에 중점을 둔 것이 있다.

재활과 심리치료 역시 VR의 혜택을 고려하고 있다. 뇌출혈이나 교통사고같이 치료가 가장 어려운 분야에 응용하며 일상의 힘들고 불편한 운동을 참고 견딜 수 있는 수단이 되고 있다. 헤드셋을 쓰고 게임 환경으로 들어가 운동을 하면 점수를 획득하는 이런 재밌는 운동을 만들 수 있다면 어떨까? 스트레치 하는 동안 팔을 넣는 아크가 의사가 기록하는 완벽한 동작에 어긋나기도 한다. 이런 경우 의사는 진행 과정을 원격으로 모니터링하며 활동이 특정 수준 이하로 떨어졌거나 성적이 자주 부진하면 주의를 기울일 수 있다. 환자는 정기적인 방문으로 도움을 받고, 의사는 더욱 효과적으로 모니터링하며, 환자의 회복속도는 빠른 속도를 낸다.

디자인

가상현실은 건축가, 자동차 디자이너, 제품 디자이너 등 전문가들이 디자인을 상상할 수 있게 해준다. VR의 가장 큰 장점은 디자인 면에서 1:1 비율로 디자인의 안으로 들어갈 수 있게 하는 능력이다. 즉 건축가는 구상도나 카드보드 모델링에 의지할 필요 없이 실제 구조물로 들어갈 수 있다. 그들은 고객들에게 상상에 맡기는 것이 아닌 말 그대로 어떻게 건물이 보일지 보여줄 수 있다.

거의 모든 유명 자동차 모델이 디자인 과정의 일부에 VR을 사용한다. 런던의 디자인 에이전시인 시무어파웰(Seymour-powell)은 협업 자동차 디자인을 위한 플랫폼을 만드는 데 HTC Vive를 이용했다. 세상의 어디에 있더라도 많은 사람이 함께 디자인 작업을 할 수 있는 도구다. 멋진 VR을 만들 수 있는 3D 디자인 도구인 그래비티 스케치(Gravity Sketch) 역시 자동차 업계에서 빈번하게 사용된다. 이것을 사용해서 디자이너들은 재빨리 실물 크기의 3D 모델을 만든 다음 좀 더 전통적인 3D 모델링 플랫폼을 불러올 수 있다. 특히 과정의 가장 창의적 부분을 자유롭게 하여 가장 자연스럽게 움직일 수 있도록 한다.

훈련

훈련(트레이닝) 부문은 VR의 또 다른 성장 분야다. 간단히 말해 직원 훈련의 가상 버전은 여행, 물리적 자원, 위험한 훈련 시의 건강 및 안전 문제의 위험을 줄여준다. 또 기존의 훈련보다 더 참여적이며 트레킹까지 할 수 있다. 요약하자면 훈련 산업은 VR로 큰 이득을 보기 시작하고 있다.

직원 훈련에 있어 VR의 가장 좋은 활용은 역할에 특수화된 현실적인 시나리오를 만드는 것이다. 이 가상세계를 조정함으로써 회사는 다른 곳에서는 불가능한 모든 종류의 경험을 공식화할 수 있다. 이 일들은 모든 잠재하는 사업적 위기에 반복 사용될 수 있도록 조정이 가능하여 직원들이 사용자의 스트레스 수준과 문제 해결 능력을 분석할 수 있다. 우리는 2015년 딜로이트(Deloitte)를 위한 일련의 정보 보안 위반과 고객 기밀 유지를 모의실험하는 프로젝트를 완성했다. 직원의 관점에서 다른 직원의 이러한 위반을 알아차린 다음에는 어떤 대처를 할지 선택하는 것이다.

딜로이트(Deloitte, 다국적 경영 컨설팅 기업)는 전통적으로 직원 훈련에 영상을 사용해 왔다. 직원들은 방에서 TV로 훈련 영상을 시청한 후 지면이나 컴퓨터로 문제를 푸는 방식이다. VR 앱을 사용하면 피훈련자들은 시나리오의 장소에 있는 느낌을 받는다. 사람들이 현장에서 말을 하며 '진짜' 세계에 기반을 두고 결정을 내리는 것이다. 이것은 훨씬 참여적이고 여기에 더하여 딜로이트는 직원들의 점수, 반응 시간 및 필요한 다른 정보를 얻을 수 있다는 즐거움이 있다. 좀 더 위험한 훈련과 관련해서 월마트는 직원을 정보 유출이나 휴일 폭주 같은 어려운 상황에 몰입하게 하는 VR 훈련 프로그램이 있는 200회의 교육을 마련했다. 월마트에 따르면 '시험을 통해 우리는 VR 훈련을 통과한 직원들은 그렇지 않은 사람들보다 그러한 상황에 대한 지식을 더 잘 유지하고 있는 것을 목격했다'라고 한다.

교육

VR은 꽤 매력적인 학습 방식이다. 가상으로 최초의 달 착륙을 해보거나 공룡이나 다른 역사적 순간으로 이동하는 것은 미래의 학교 수업에서는 일상적인 일이 될 것이다. 지역 농장으로 떠나는 소풍은 가상 사파리로 대체되고 '5대국'은 손에 닿을 거리에 있을 것이다.

구글 익스페디션(Google Expeditions)은 교육용으로 VR을 활용한 최초의 시도다. 카드보드 가격의 헤드셋으로 아이들은 산호 처나 화성 표면, 아즈텍 사원 등으로 이동하는 경험을 할 수 있다. 2017년 6월까지 구글은 200만이 넘는 학생들을 확보하며 이제 증강현실로 진출하고 있다. 구글 데이드림 에듀케이션 프로그램의 관리자인 제니터 홀랜드가 VR에 대해 대담한 멋진 팟케이스도 나와 있다. 교육은 아이들만을 위한 것이 아니고 성인들에게도 필요하다. 또는 박물관의 전시회 역할을 할 수도 있다. 두 개의 VR 경험을 열고 있는 런던의 과학박물관을 예로 들어보자. 하나는 핸들리 페이지(Handley Page, 제1차 세계 대전 후 첫 민간 비행용 항공사) 경험이고 다른 하나는 팀 피크(영국의 우주 비행사)의 우주 낙하다. 핸들리 페이지 경험에서는 1928년 제작된 초기 비행기의 가상 버전을 볼 수 있으며 어떻게 하여 획기적인 항공역학으로 비행이 가능했는지 할 수 있다.

결론

　VR이 브랜드나 비즈니스에 있어 고객과 연결하는 강력한 매체인 데에는 수많은 근거가 있음을 알 수 있을 것이다. 고객은 매우 진정성 있게 실제 장소와 제품, 서비스를 볼 수 있으며 브랜드의 핵심으로 이동한다. 고객을 다른 매체보다 더 강력하고 정서적인 단계로 연결할 수 있는데, 자선단체를 위한 '공감 VR(empathy VR)'이 바로 좋은 사례다.

　우리의 KPIs(핵심성과지표) 프로젝트는 다른 VR 스튜디오에서 나온 일화적 증거(개인 자신의 경험에 대한 직접적인 보고 또는 타인의 경험에 대한 보고)이며 구글이 시행한 스플릿 시험은 좋은 평판을 얻은 프로젝트들 덕에 큰 성공을 얻었다. 그러나 시장의 헤드셋 숫자를 고려할 때 캠페인은 신체적 활동을 필요로 하는 사람들이나 구글 카드보드처럼 저렴한 헤드셋 사은품을 타깃으로 신중하게 고려해야 할 것이다. VR은 또 브랜드와 VR을 사용해 보지 못한 고객들을 놀라게 할 수 있으며 매우 강렬하고 파급력이 높은 매체다. 사람들은 VR 경험을 심사숙고한 뒤 이에 대해 많이 회자하며 브랜드를 기억할 것이다.

　그러나 처음 VR을 사용한 후의 신선한 충격은 빠르게 사라지며 경험은 점점 더 참신함보다 그 장점으로 평가받게 된다. 그러므로 처음 사용자의 신선함을 경험하고 싶다면 빨리 경험해 보자!

2

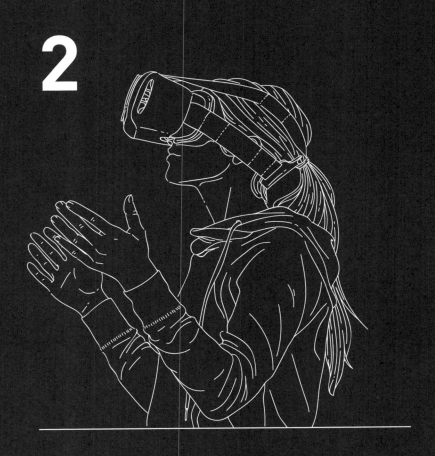

업계의 통찰력: VR 산업 최고 경영진들과의 대담

이번 장은 VR 산업 선두주자들과의 대담을 소개한다. 크게 성공한 제작 캠페인을 만들었거나 감독한 사람들로의 통찰력은 현재까지의 VR 캠페인 뒤에 숨어 있는 생각을 이해하는 데 매우 중요하다. 저자는 광범위한 일반적인 질문으로 시작했지만, 대화는 예상 밖의 방향으로 전개되며 미처 생각지 못한 VR 마케팅의 일면을 밝히기도 했다. 산업을 이해하기 위해 전문가들은 관련된 핵심 사례와 일반적인 VR 마케팅에 대한 그들의 생각을 설명한다. 대담자들은 광고대행사, 광고 감독, 혁신 전문가의 경영 동업자부터 미래학자에 걸쳐 전반적인 산업에 대한 유용한 개관을 제공한다.

먼저, 저자는 다음의 대담을 읽기 전 이해를 위해 가장 최근의 헤드셋 판매와 사용 및 건전한 토대에 대해 설명하는 슈퍼데이터와 이야기를 나눌 수 있었다.

가상현실 산업의 건전성

스테파니 라마스, 슈퍼데이터 리서치(SuperData Research) 부사장이자 몰입 기술 통찰의 연구 및 전략 총괄

대담

스튜어트 현재 VR 산업의 건전성에 대해 어떻게 생각하나?

라마스 우리는 올해부터 그 문제에 대해 생각하기 시작했는데 소비자 제품이 수익 면에서 기회가 있으리라고 본다. 스팀(Steam, 플랫폼) 쪽에서 선불 매입이 있을 예정이기 때문에 한꺼번에 전체 게임 구매가 가능하다. 하지만 그것 말고는 다른 분야에서 VR에서 매출원에 진입하는 데는 어려울 것으로 보인다. 수익 하락의 일부는 양질의 콘텐츠보다는 바로 그 이유 때문이다. 양질의 콘텐츠는 많지만, 문제는 역시 스튜디오에서 수익이 안 나기 때문에 제작을 할 수 없다는 점이다. 이메일에서도 언급했지만 엔터프라이즈로 전환하는 것이 많은 관련이 있다. 거기에는 훨씬 분명한 자금 경로가 있다. 엔터프라이즈가 소비자에 비해 많은 수익기회가 있다는 걸 알지만 일부는 더 많은 소비자가 더 많이 소비할 것이라는 기대와 이 플랫폼들이 어떻게 비용을 지출할지에 대한 기대가 더 큰 원인이라고 생각한다. 연초보다 사용 숫자는 확실히 적어졌지만 다른 한 가지는 분명히 사용에 관한 것이다. 아직도 하드웨어 지원에 필요한 요건들을 생각할 때 사용하기에 좋은 해였다고 생각한다. 오큘러스와 바이브 역시 유통시장을 장악했는데 선발 사용자뿐 아니라 호기심 많고 최첨단 PC를 사용하기 시작했거나 작년에 비해 하드웨어 구매에 좋은 기회라고 생각하는 사람들까지 장악했다. 그래서 사실 오큘러스와 바이브가 이렇게 확실한 출하를 유지하는 것이 인상 깊었다. 또 플레이스테이션은 PS4가 완전히 침투하면서 전 세계적으로 700만 개가 넘게 팔렸고 PSVR의 사용을 증가하는 데 큰 도움이 되었다. 이것이 마케팅과 공급 측면에서 그들에게 많은 자신감을 줬다고 생각한다. 하지만 사용비율은 PS4에 비해 여전히 낮다.

소니는 내년에 많은 중요한 콘텐츠를 전망하고 있다. 이 경우, 만약 그들이 스카이림 및 폴아웃하고 같이 했을 때처럼 인기 많은 지적재산(IP)을 더 많이 출시하고 레지던트 이블 같이 인기 있는 게임들이 나온다면 확실히 시장 점유율이 높아질 기회는 있다고 생각한다. VR 산업에는 실망감이 있어서 성장이 느린 편이다. 그쪽 사람들은 협업을 하기 때문에 성장이 느리다. 또 적은 투자와 사용은 기대치를 낮추고 자신감도 떨어뜨린다. 그렇게 되면 소비자들도 덜 사용하고 그런 식인 것이다. 하지만 엔터프라이즈에 대한 기대를 기회로 사업적 사용을 통해 투자할 수 있는 회사를 위한 더 많은 성장이 있을 것이다. 그리고 그 수익을 소비자 대면 콘텐츠에 사용하는 것이다.

스튜어트 프리미엄 헤드셋 판매율은 어떻게 될 것 같나?

라마스 상황에 따라 다를 것 같다. 일반 대중에게 인상적인 충분한 고품질의 제품이라면 성공할 것이다. 현재 사용에 있어 가장 큰 장애는 저항이기 때문에 꽤 큰 파급력이 있을 것이다. 그리고 사용은 교육과 적절한 가격에서 발생한다. 무선화가 중요한 부분으로 하드웨어의 지원과 설정이 필요하다. 윈도가 현재로서는 바이브나 오큘러스보다 훨씬 잘하고 있다. 저항이 적을 경우 설정과 경험에 입문하는 것은 상당히 쉬운 일이다. 오큘러스나 바이브는 특히 설정하기가 어려워서 센서 같은 문제들을 처리해야 한다. 박스를 열고 전원을 켜고 시작하는 것부터 어렵다. 윈도 헤드셋이 훨씬 쉽다. 이런 쉬운 경험이 정말 필요한 점이다. 그렇다 해도 윈도는 너무 늦게 시작했고 초기 사용자들은 이미 오큘러스나 바이브가 있다. 일반 소비자들은 아직 시작하지 않았다. 오큘러스 고가 소비자들에게 모바일도 할 수 없는 무선의 매끄러운 상품을 제공할 수 있다면 정말 좋은 결과가 있을 것이다. 하지만 200달러짜리 기기라면 품질이 어떨지 모르겠다. 200달러는 적당한 가격이지만 지금처럼 열광적이지 않은 관객이라면 이 가격에도 상당히 비판적일 것이다. VR에 매우 열광적인 사람들이 있는데 고품질 경험에 소비하고자 한다. 또 한편 아직 알려지지 않은 신제품에 200달러의 가치는 없다고 보는 사람들도 있고 말이다.

스튜어트 'VR 케이드'에 대해 이야기해 보자.

라마스 VR 케이드와 더 보이드 같은 장소 기반 경험이 미국에서 유행하고 있다. 또 브랜드에서 다른 흥미로운 활동들도 나왔다. 몰 같이 사람들이 VR에 대해 정확히 모르고 또 그곳이 아니면 접할 기회가 없는 공공장소가 사람들에게 VR의 잠재성을 일깨울 장소다. 그렇기 때문에 오큘러스 고가 공생할 수 있다고 생각한다. 이런 재미있는 지역 기반의 경험에 사람들을 불러들이면 VR을 경험한 적이 없는 고객들은 정말 매료돼서 이백 달러를 지불하고 살수도 있게 되는 것이다. 그렇다 해도 매출량 달성도 생각해 봐야 한다. 수익을 내면서 충분한 경험도 제공해야 한다. 또 이런 경험을 놀이공원에 결합하는 것도 좋다고 생각한다. 놀이공원이 좋은 것은 사람들이 여기에서 최초로 이 매체를 경험하고 3D나 4D 같은 재미있는 경험과 기술을 항상 사용할 수 있다는 점이다. 다른 탈것 때문에 오지만 VR이나 AR을 해 볼 것이다.

스튜어트 VR이 성장할 수 있는 다른 지역은 어디일까?

라마스 직장에서 VR 훈련과 모의훈련이 더 지식이 많고 안전한 직원을 생산할 수 있다. 이점이 우리가 엔터프라이즈에서 큰 기회를 보는 이유다. 가장 흥미로운 점은 정부와 회사 같이 전혀 이것에 대해 알지 못하는 여러 분야에 MR, AR, VR에 대한 관심을 불러오면서 대규모로 효율성과 경제에 영향을 미치는 방법에 관한 것이다. 그렇기 때문에 실제적인 변화가 어떤지 보여주면서 사회 전반에 걸쳐 매우 큰 규모의 영향을 미칠 것이다.

관광업과 가상현실

남아프리카의 관광업 VR 프로젝트: 앤디 코코란, 매니징 파트너 광고 서비스, UM 스튜디오의 대표

유럽에서의 첫 번째 VR 프로젝트 중 하나는 코코란의 생각이었다. 2013년 촬영된 남아프리카 관광청(SAT) VR 프로젝트는 이 나라의 가장 흥미로운 곳으로 데려간다. 코끼리와 얼굴을 마주치고 자일을 타고 테이블 산(Table Mountain)을 내려가며 상어의 다이빙을 구경하고, 또 남아공 최대의 도시 요하네스버그 힙스터의 마음 등 많은 것을 소개한다. 무엇보다도 이것은 360도 영상과 360도 오디오 모두를 사용한 첫 번째 작업이다. 비주얼라이즈는 VR 영상 콘텐츠를 제작하고 콘텐츠 대행사인 썸씽 엘스(Somethin' Else)에서 스테레오 엔진을 제작했다.

대담

스튜어트 이 캠페인에 VR을 사용하기로 한 이유는 무엇인가?

코코란 남아프리카 관광청은 캐나다나 오스트리아의 관심을 끌기 위한 뭔가 색다른 건 하고 싶어했다. 그들은 사람들을 이 나라의 중심과 사람들이 실제 생생하게 살아가는 곳, 예를 들면 요하네스 시장의 중심으로 데려가고자 했다. 그들은 선입견을 부수는 매체를 사용하고 싶어했다. 그 당시 관광 부서에서 무언가 다른 일을 한다는 건 고객이 이미 우세하다는 것을 의미한다. 그렇지만 주요 이유는 사람들이 새로운 의견을 형성하고 선입견을 버리도록 하는 것이다.

이런 VR을 경험하는 회사들의 시장 선발자 이익이 VR을 제작하는 유일한 이유가 되기도 한다. SAT 프로젝트의 아름다움 역시 그 이유 중 일부다.

코코란 누군가에게 활기찬 문화를 보여주며 남아프리카로 몰입하게 하는 것은 모험 관광의 가능성을 크게 한다. 또 비할 데 없는 아름다움은 사람들이 직접 남아프리카의 휴일이 어떤지 알 수 있게 하며 선입견을 버리도록 한다. 무엇보다도 그들은 고객을 그들이 직접 결정할 수 있는 방식으로 남아프리카로 데려간다고 생각했다. 고객에게 말하는 것이 아니라 그저 문을 열어주면서 직접 보게 하는 것이다.

스튜어트 VR을 사용하면서 어려운 점이 있었나?

코코란 우리는 콘텐츠를 사람에게 소개하기 위해 현명한 방법을 찾아야 한다는 것을 바로 깨달았다. 당장 가능한 헤드셋이 없었기 때문에 이벤트들은 이 점을 고려해서 결정했다. 사실 많은 일이 필요했다. 광고업자를 믿는다는 것은 단지 예, 라고 말하는 것은 아니다. 또 이상한 안경을 쓰고 비디오를 보는 것도 생각했다. 이 이벤트들은 여행객과 업계 신문을 남아프리카로 초청하는 것이다. 음료수와 여흥이 있는 곳으로 말이다. 재미있는 점은 부족의 가림용 커튼을 쳐서 사적인 공간을 만들며 스툴 의자에 앉아 최첨단의 오큘러스 헤드셋과 헤드폰으로 여행하는 것이었다. 그렇지만 캠페인은 완전히 예상 밖의 다른 방향으로 벗어났다. 페이스북의 360도 영상 때문에 완전히 난리가 났다. 얼마 지나지 않아 페이스북이 호환성을 발표하면서 영상은 여러 부분으로 잘려서 새로운 360도 플랫폼에 업로드되었다. 일주일 안에 시청자가 500만 명이 됐는데 정말 상상도 못한 일이었다.

스튜어트 VR은 마케팅에 있어 가치 있는 양식인가?

코코란 유튜브와 페이스북의 360도 영상이 판도를 바꿔

놓을 수 있겠지만 헤드셋으로 보는 것만큼 몰입적이지는 않다. 고품질의 VR 경험으로 선명도를 창출할 수 있다. 사람들이 그 제품에 대해 말하기 시작하고 정서적으로 참여한다. 전체의 5%밖에 안 될지 모르지만 그런 사람들이 다른 이들을 바꿔놓을 것이다. 그러므로 더 풍부하고 깊은 경험을 만들고 수익이 되는 콘텐츠를 다루면 이 사람들과 좋은 조화를 이룰 수 있을 것이다. VR은 이것을 위한 완벽한 기기다.

스튜어트 VR이 현재 준비가 됐다고 생각하나? 아니면 너무 빠른가, 유행 중인가?

코코란 요즘 나오는 콘텐츠를 보면 초소형 기기로 편집이 되어 있지가 않다. 진정한 UGC(사용자가 만드는 콘텐츠)라는 것이다. 특히 2017년 제작된 VR은 TV나 상용 생산 콘텐츠와 비슷한 예산 및 품질 기준이 아니다. VR은 고품질 생산 가치를 갖고 있다. 빠르게 제작된 즉흥적인 UGC 또는 장기 자랑 비디오가 넘쳐나는데 VR이 어떻게 접근하겠는가?

저자는 이것이 앤디의 멋진 의견이라고 생각한다. 360도 영상은 대중에게 접근하고 있으며 소비자 카메라 품질은 이미 놀랄만한 속도로 높아지고 있다. 우리는 점점 더 매체를 사용해서 사람들을 그들의 세계로 이끄는 영향을 창출하고 있다. 그리고 물론 이런 일들이 있는 곳은 마케팅 담당자들이 뒤

따를 것이다.

코코란 알다시피 나는 신기술에 열광하는 사람으로 휴일에는 리코 태타 S(Ricoh Theta S)를 가지고 바닷가를 걸으며 친구와 부모님에게 제가 있는 곳을 소개한다. 하지만 이런 카메라는 시중에 나온 지 몇 년이 지났는데도 아직 300파운드나 한다. 너무 비싼 편이다.

앤디의 이 관점은 360도 영상 카메라가 있는 많은 사람의 대답과 비교해 보면 더 흥미롭다. 그들은 헤드셋 품질과 헤드셋의 콘텐츠를 살펴보지만, 시장을 바닥에서부터 흔드는 UGC는 아니다.

코코란 우리는 영향력과 재능이 있는 블로거들과 함께 대행사로서 꼬박 1년간 작업했다. 여기에 헌신하는 모든 사업을 가지고 이런 관계들도 관리한다. 뭔가 생기면 그들의 세상을 300만 명의 구독자가 있는 일상으로 가져온다. 그것이 뭐든지 간에 갑자기 이 사람들로부터 슈퍼 프리미엄급의 콘텐츠를 받게 되는 것이다. 일반 영상이나 기사가 아닌 사람들이 팔로우하고 싶어하는 사람과 관련된 경험이다, 그러면 다른 모든 사람들 역시 보고 싶어하게 된다.

스튜어트 VR이 풀어야 할 문제는 뭐라고 생각하나?

코코란 DCM(Digital Cinema Media, 영화 예고편 동안 나오는 광고와 연관된 회사)을 방문하면 수동적인 관객과 주목받는 일이 중요한 점, 브랜드 연상 등에 관해서 이야기한다. 영화로 하려면 이런 것은 굉장히 비싸다. 또 이곳을 가는 것은 특별한 일이기 때문에 귀와 눈을 집중하는 신나는 것에 프리미엄 표를 내고 보는 것은 매우 적극적인 행동이라고 할 수 있다. 그들은 브랜드 연상에 대한 통계가 있는데, TV와 영화관의 같은 광고에 대한 강화된 정서적 반응을 소개한다. 영화가 훨씬 더 성공적이다. VR을 제작할 때 역시 같은 논쟁이 있을 것이다. 수동적인 관객과 강화된 정서적 상태는 VR이 불러일으킬 수 있는 것들 이지만 책임감을 느껴야 한다. 콘텐츠는 광고에 덜 눈에 띄고 판매돼야 하고 브랜드는 관객에게 신뢰감을 주며 즐겁게 할 수 있는지 생각해 봐야 한다. 그렇게 하지 못하면 VR의 효과가 없을 테니까 말이다. 이건 깰 수 없는 약속이다.

브랜드는 VR을 책임감 있게 사용해서 너무 광고적인 콘텐츠 때문에 경험을 재미없게 만들어서 매체에 등을 돌리지 않게 해야 한다.

스튜어트 언급하고 싶은 VR 사례가 있나?

> **코코란** 〈스파이더맨〉의 사은품으로 나온 PSVR의 홈 커밍 (Homecoming)이다. PSVR는 영화와 단편 게임을 같이 출시했다. VR 관객은 다수가 아니므로 다르게 취급할 수 있는데 이것이 바로 마블의 한 방식이다. 경험은 정말 재밌고 화제가 많았다. 친구들한테 보여주러 오면 얘깃거리가 많을 것이다.

코코란의 마지막 지적은 생각할 점이 많다. 스파이더맨이 될 기회가 있다면 하지 않을 사람이 어디 있겠는가? 이것이 바로 마블 영화가 하는 일이 아닌가? 즉 평범한 사람이 특별한 능력을 갖추는 것 말이다. 기술과 경험이 좋아지면서 점점 더 실제 같아지고 있으며 가상현실에서 마블 판타지와 함께 살수도 있게 된다. 이것이 대량 수용의 경로가 아니면 무엇이겠는가?

오락 및 스포츠와 가상현실

리처드 노클즈 — 서라운드 비전의 창업자 이자 스카이의 광고 제작 감독

리처드는 2011년 360도 영상 콘텐츠 제작사인 옐로 버드 (Yellow Bird)를 창업하면서 경력을 시작했으며 유럽에서는 360도 콘텐츠 제작의 선구자라고 할 수 있다.

대담

스튜어트 이 업계에서 가장 오래 일을 해 온 것으로 알고 있는데 어떻게 시작했나?

노클즈 마일즈 맥거번이 운영하는 이멀시브 미디어(Im-mersive Media)를 통해 360도를 알게 되었다. 그는 이쪽 분야에서는 전설이다. 처음으로 관여하게 된 것은 마이애미 경기장에서 도데카 카메라를 봤을 때인데, 마우스로 클릭하면 경기장 주위를 둘러볼 수 있었다. 역사적으로 흥미로운 점은 구글이 스트리트뷰 시작 시 이멀시브 미디어에게 이 카메라를 사용해서 36개의 도시를 캡처하도록 의뢰한 일이다. 이것이 바로 스트리트뷰 카메라의 첫 번째 디자인이었다. 이 카메라를 가진 사람이라면 누구라도 연락을 해서 빌려보려고 했는 데 도데카 카메라는 빌리기가 굉장히 어려웠다. 혹시 가능한 곳을 알아보면 하루 사용료가 육천 파운드나 됐다. 아무래도 엄두가 안 났다. 유일한 대안은 우연히 교류를 시작하게 된 네덜란드의 엘로우 버드라는 회사의 레이디버그 카메라였다. '360도 디지털'에 관한 지식 — 360도 몰입의 개념과 혼동하지 마시길 — 과 함께 쌍방향으로 클릭 가능한 핫스팟이나 마케팅도 잘 알고 있고 '능동적 참여'의 디지털 개념에 관한 브랜드들과 일한 적도 있어서 나하고는 정말 잘 맞았다.

초기에는 카메라가 확실하지 않아서 힘들었지만 그래도 멋진 영상들을 만들 수 있었다. 우리는 BBC, 블루 피터(Blue Peter)와 함께 최초의 360도 라이브 프로젝트를 했고 ITV, 채널 4하고도 작업했다. 사실 현재까지 가장 성공적인 프로젝트는 마케팅 쪽 관점과 참여 시간이나 측정치를 고려했을 때 데미안 허스트(Damien Hirst)와 함께했던 채널 4 프로젝트이다.

데미안 허스트 갤러리 360(2012)

이 작품은 연속 작인데 런던의 테이트 모던에서 순회 전시회를 열었다. 인기 절정이었던 배우 노엘 필딩(Noel Fielding)이 발표자였다. 데미안 허스트가 촬영 일부의 배경화면에서 앉아 있는 모습도 볼 수 있었다. 이 경험의 평균 소요 시간은 18분이었고 온라인 시청자는 120,000명이었다.

이것은 사전 녹화였고 이후에 영국의 TV 채널 4 웹사이트와 앱으로 방송되었다. 프로젝트는 HTML5에서 작업했는데 모바일 접근에 있어서 아주 중요한 점이었다. 평균 시간이 18분인 이유는 클릭 가능한 영상, 쇼 큐레이터와 함께하는 16×9 인터뷰 등 추가된 쌍방향 콘텐츠가 많았기 때문이다. 미술 애호가에게는 정말 멋진 작품이다. 데미안 허스트나 테이트 미술관은 헌신적인 기본 팬층을 확보하고 있다. 또, 노엘 필딩을 완전히 색다른 장소로 데려갔다. 그때 이후 한결같이 아주 가까이서 발표자를 이끄는 역할로서 참여하고 있다.

'평면 화면' 상에서 360도로 촬영하는 기술이 어떻게 데스크톱과 모바일에 전달되도록 발전했는가는 여전히 VR 헤드셋과 관련이 많다고 생각한다. 기술적 관점에서는 렌즈 타입이나 센서 품질 및 디스플레이의 픽셀의 화상도가 같아야 하는 것이 그 이유다. 제작 입장에서는 시청자를 유지하는 최고의 방법이 무엇인가 하는 것이 문제다. 노엘 필딩 같은 카리스마 넘치는 사람이 발표하는 것보다 더 좋은 방법은 없다.

스튜어트 스카이에서 당신의 역할에 대해 더 이야기를 해 보자.

노클즈 스카이는 정말로 VR과 미래 잠재성을 잘 이해하고 있다. 방송국으로써 스카이는 스카이 VR 스튜디오라는 팀에 투자하고 있다. 이것은 혁명적인 허브고 VR이 전적으로 시행되기 전에 실험하고 경험해 볼 기회다. 스카이는 방송 전송의 미래를 실시간 엔진이라고 보고 실제로 현재 프로그램들은 이미 그렇게 하고 있다. 유니티(Unity, 컴퓨터 게임 제작으로 알려진) 같은 플랫폼은 이 3D 그래픽과 라이브 TV의 정보를 대체하기 위해 사용되고 있다. 그러므로 스카이는 홍보를 잘하고 있고 또 TV 보조용 실시간 엔진을 향한 현재의 발전 모델과 일치하는 기술 역시 실험하는 중이다. 스카이 VR 스튜디오의 부서는 한계를 넓히고 있는 탁월한 기술 아티스트가 이끌고 있는데 다른 부서들의 발전에도 서서히 영향을 미치고 있다. 스카이에는 '할 수 있다'라는 흔치 않은 문화가 있다. 안 된다는 소리를 들으면 할 수 없게 되는 법이다. 스카이는 항상 새로운 것을 시도하고 싶어 한다.

스튜어트 스카이는 VR로 협력하는 다른 브랜드가 있나?

노클즈 마케팅에 VR을 사용하는 것은 스카이에 있어 재미있는 점이다. 정말 공유할 만하고 사람을 사로잡으며 방송국과 양쪽에 모두 이익이 되는 새로운 일을 생각해내는 완벽한 협력사가 브랜드에는 항상 있다. 스카이는 참여를 촉진하고 사용자의 수를 늘리기 위해 플랫폼(스카이 VR)와 브랜드(예를 들면 나이키), 능력(웨인 루니 같은)의 결합을 모색하고 있다.

스튜어트 VR이 마케팅을 위한 의미 있는 형태라고 생각하나?

노클즈 좋은 이유를 위해서 사용된다면 그렇다. 다른 매체 사용할 때와 마찬가지로 확보하고자 하는 관객이나 어떤 예산을 가졌는지 등을 알아야 한다. VR은 여전히 논란이 많지만, 기자들은 프로젝트에 호의적이다. 아직도 흥미진진하고 회자한다. 서라운드 비전이나 비주얼라이즈, 리와인드가 하는 교육적이고 정보제공 적인 것을 한다면 의미 있는 일이다.

스튜어트 브랜드를 위해 홍보 외에 어필할 수 있는 게 무엇이 있나?

노클즈 헤드셋을 쓰면 완전히 집중할 수 있는 참여성이다. 품질의 보장 문제는 헤드셋에 달려 있지만 말이다! 물론 '매직 윈도'(magic window, 모바일이나 태블릿에서 360도 영상을 시청하는 것에 대한 업계 용어로 다른 세계를 창문을 통해 보는 것처럼 콘텐츠를 디스플레이하는 기기)를 가질 수도 있지만 15초밖에 효과가 지속되지 않는다. 헤드셋만큼의 효과가 없다.

스튜어트 VR의 주요 문제는 무엇인가?

노클즈 인류는 본질적으로 사회적이기 때문에 헤드셋으로 스스로를 격리하는 것은 섬뜩한 점이 있다. 그래서 VR의 혼합 현실이나 그 응용 같은 것으로 친구와 경험을 함께 즐길 수 있게 하는 것이 핵심이다. 서라운드 비전에서 우리는 실시간 용적 캡처(live volumetric capture)를 개발했는데 친구와 함께 게임과 이벤트를 자연스럽게 볼 수 있게 해 준다. 경기장을 걸어서 골대까지 갈 수 있는데 왜 사이드라인에 갇혀 있는가? 실시간으로 용적을 캡처할 수 있으면 사실상 게임 끝나는 것이다.

스튜어트 VR이 크게 유행할 것으로 보나?

노클즈 미래에는 100% 유행할 것이다. 시작하는 데 시간이 좀 걸리는 것뿐이다. 우리는 소셜로 완전히 사용하기까지 10년 정도 멀리 떨어져 있다. 경기장에 입장하는 돈을 지불 한 후 친구들과 함께 집의 가장 좋은 자리에서 구경할 수 있을 것이다. 친구들은 모두 물리적으로 다른 곳에 있는 채로 말이다. 손자들이 생기면 그 애들은 내가 노트북을 쓰는 것을 보고 웃을 것이다. 가상세계의 미래 인터페이스가 있으면 얼마나 삶이 좋아질지 상상도 할 수 없다. VR은 궁극적으로 사람들을 비교할 수 없을 정도로 삶을 경험하고 상상하는 멋진 이벤트와 장소로 매끄럽게 데리고 가는 수단이 될 것이다.

스튜어트 VR에 접근하는 브랜드에 어떤 조언을 할 수 있나?

노클즈 다른 매체에도 적용되는 같은 내용이다. 사람들의 관심을 사로잡아야 한다. 시작부터 너무 느리게 움직이는 작품들이 지나치게 많다. 재미있고 활동적이며 사회적 몰입을 새롭게 시도할 필요가 있다.

스튜어트 마케팅을 위한 VR의 가장 좋은 사례는 어떤 것이 있나?

노클즈 뜻밖이겠지만 파리 기후협정에 모인 100명의 각 국의 수뇌를 대상으로 한 프로젝트였다. 그 프로젝트는 사막화 방지를 위해 아프리카를 가로지르는 초록 장벽을 건설하자는 야심 찬 계획에 관한 이야기를 담고 있는 360도 영상이었다. 오바마를 제외한 메르켈, 카메론과 많은 주요 정상들은 헤드셋으로 이것을 시청했다. 그 결과 이 캠페인에 40억 미국 달러가 할당되었다.

스튜어트 VR이 어떻게 진화하리라 생각하나?

노클즈 VR의 미래는 실시간에 있다고 생각한다. 게임 엔진이 아니라 실시간 엔진이 사람들의 흥미를 잃게 할 수 있다. 지금 콘텐츠를 생산하는 방식으로는 360도 영상이 미래에 적합하지 않을 수 있다.

예외적인 상황이 아니라면 물론 가치는 있겠지만 제작상의 기술과 기법은 완전히 달라질 것이다. 지시자가 실제로 시각을 바꾸거나 시청자가 캡처를 한 후 그들이 방향을 인도하는 용적 캡처를 보게 될 것이다!

기술 전문가의 관점

AKQA의 신흥기술 대표

앤디는 1999년 이래 AKQA에 몸담아 왔으며 신기술과 브랜드를 위한 기술사용에 있어 가장 존경받는 업계의 전문가다.

대담

스튜어트 AKQA에서의 역할에 대해 말해 달라.

후드 신흥 기술직은 4~5년 전, 사람들을 혁신하기 위해서는 그들이 이해해야 함을 깨달은 후 만들어졌다. 이것은 사람들이 무엇을 어떻게 하고가 아닌 그들이 실제로 어떤 존재인가 하는 문제다. 우리는 해결 가능한 문제에 집중하지만, 더 중요한 것은 그들이 기술 수용을 위해 변해야 하는 행동이다. 끝으로 이런 변한 행동이 어떻게 세상을 바꿀지 이해하는 것이다.

닛산 IDx 경험

스튜어트 닛산의 IDx 경험은 어땠나?.

후드 도쿄 모터쇼에서 닛산은 2개의 새로운 콘셉트 카(concept car, 소비자의 반응을 살펴보기 위한 미래형 시제차(試製車))를 출시했다. 이 콘셉트 카는 구매 후 닛산과 함께 만들도록 디자인되었다. 단지 형태나 배치뿐이 아니라 — 표범 가죽 내부 등 스포일러가 있지만 — 구매자의 개성, 성격 등 일치하는 것들과 관련 있다. 큰 화면 등 좀 더 전통적인 방식으로 차를 출시하는 방식을 모색하고 있었는데 그때 오큘러스가 킥스타터로 나왔다. 얼마 전에 이 프로젝트를 통해 우리 헤드셋이 절반 정도 완성되도록 투자를 했다. 시험을 해봤는데 이 작업에 사용을 할 수 있을 것 같았다. 이 단계는 아드레날린 분비로 비명을 지르는 스릴이나 흥분을 팔 때는 아니라고 생각했다. 우리는 접근성을 팔고자 했다. 가상현실은 너무 멀거나 존재하지 않기 때문에 물리학적 법칙에 의해 구매 불가능한 사물이나 장소에 대한 접근을 가능하게 한다. 우리는 몇 시간 안에 이 결정을 내렸다. 가상현실은 방에 사물이 존재하고 방향감각에 따라 그것에 접근하는 것으로 게임 커뮤니티의 사람들에게 있어 VR의 장점이라고 할 수 있다. 그것을 해보면서 우리는 닛산이 필요한 것이 무엇인지 알게 되었다. 실제로 존재하지 않는 2대의 콘셉트 카를 출시하는 것은 사람들이 이 차량에 갈망하는 직접 접근을 제공하는 것이다. 가상현실은 또, 공동 제작 과정을 가능하게 하는데 물리 장치로는 불가능한 일이다. 우리는 생활양식을 선택하면 차의 공학적 옵션에 이것을 반영하는 일종의 모험을 하는 여행을 만들었다. 경관에서 경관으로 이동하는 동안 경관의 연출이 가능한 다양한 방법들이 있다. 멋진 로봇 사무라이와 미끈한 사이버 닌자 중에서 선택할 수 있다. 닌자는 조용하고 에너지를 보존하는 전기 엔진이고 사무라이는 좀 더 명시적인 전력 표시를 나타낸다. 물론 차에 집중하기를 바라지만 사람들이 몰입하고자 하는 여행과 경치도 있다. 그러므로 차 안의 환경에 대한 탐색과 경치나 시나리오를 통한 여행과의 균형과 함께 주인공인 차에 집중할 필요가 있다. 사용자 경험 입장에서 이들 세 가지 사이의 균형이 가장 중요하다. 시연은 아니지만, 매우 구체적인 경험이 있다. 문제가 있으면 신기술이 해결하고 행동적 변화가 필요하지만, 일반적으로 이런 것들이 해결되기 위해서는 상당한 기간이 필요하다. 기술을 사용하면서 점차 해결책에 도달하며 사람들에게 이야기함으로써 이 지식이 공식화되고 성문화된다. 바로 이런 식으로 해야 한다. 이번 경우 우리는 바로 작업에 착수해야 했다.

여기에서 후드는 360도 영상에 대한 혼잣말을 했다.

후드 흥미로운 점은 닛산에 360도 영상을 사용하는 것이 쌍방향의 필요에 대한 전적인 집착이었다는 점이다. 진짜 몰입은 쌍방향 없이는 일어나지 않는다. 사람들이 VR을 생각하는 것의 대부분은 사실 360도 영상에 불과하다. 프랑스의 라이언즈 페스티벌에서 모바일 심사위원의 대표를 맡은 적이 있다. 360도 영상과 VR 카테고리가 있었고 일부는 둘 다 있는 것도 있었다. VR 카테고리에서는 단 한 개도 최종

명단에 오르지 못했다. 360도 카테고리의 몇 작품들이 2위와 1위를 차지했다. 헤드셋으로 360도 영상을 보는 것은 가상현실을 만들지 못한다. 단지 360도 영상을 보는 또 다른 방식일 뿐이다.

이것은 360도 영상에 관한 업계의 논쟁 관련하여 대단히 흥미로운 예다. 앤디 후드는 정의적 관점에서 기술적으로는 옳다. 그러나 저자는 나중에 VR로 분류되는지에 대한 여부와 관련 없이 360도 영상은 매우 유효한 형식이라는 의견을 제시했다.

대담으로 돌아가겠다.

후드 쌍방향을 가능하게 하기 위해서는 수단을 알아봐야 한다. 게임 컨트롤러가 있었지만, 이것은 경험에서 빠져나오게 하기 때문에 다음 단계로 '시선 트레킹'을 복제해야 한다. 실제로는 머리 움직임을 추적하는 것이긴 하지만 말이다. 쌍방향을 발생하기 위해 무언가를 바라본다는 개념은 장면을 이동하거나 어떤 결정 등을 하는 것이다. 이것은 엑스박스(X-Box)용 키넥트 추적 장치가 손을 사용하게 하는 방식을 머리로 할 수 있게 한다. 이것은 현재 VR의 표준 기술이 됐지만, 그 당시에는 해결해야 할 문제였다. 우리는 또 쌍 안경처럼 잡는 오큘러스 리프트을 사용해서 헤드셋을 만들었 다. 이것은 머리를 자연스럽게 움직일 수 있다는 의미다. 우리 는 수정하지 않은 오큘러스에 완전히 묶였을 때 사람들이 머 리를 많이 움직일 수 없다는 것을 발견했다. 우리가 닛산을 위해 해낸 것들은 정말 잘 맞았다. 닛산에서 알아낸 또 다른 것은 여러 가지 것들로 고정하는 작업은 사진이 정말 헛갈리 게 만들어야 한다는 것이다. 몰입은 환경의 현실성을 통해 획 득하는 것이 아니라 경험의 진실성에 의해서다. 그러니 진 짜인 듯이 느끼면서 매우 추상적인 경험에 전적으로 몰입 할 수 있는 것이다. 만지거나 반응할 수 없는 아름답고 사 진으로 구현된 환경이 참으로 현실과 분리된 느낌을 줄 수 있다.

따라서 정말 실제처럼 보이는 CG 문제는 영화에서 추상 적으로 보이는 것이 익숙한 것의 문제보다 더 나쁘다. 인간 의 '포토리얼리즘'과 관련해서 로봇 연구자 마사히로 모리는 100% 완벽하게 똑같거나 완전히 다르게 생긴 로봇을 볼 때와 는 달리 인간과 비슷해 보이는 로봇을 보면 생기는 불안감, 혐 오감, 및 두려움을 묘사한 '불쾌한 골짜기(uncanny valley)'라는 신조어를 만들었다.

후드 우리는 8주 동안에 한 번도 안 해본 일, 즉 최초로 유니티(Unity)를 개방하는 것을 개발자들과 함께해야 했다.

스튜어트 프로젝트에 핵심성과지표(KPIs)나 측정치가 있었나?

후드 흥미로운 KPIs가 나타나기도 했지만, 가능성은 적었다. 그 시기에 설치에 많은 어려운 측정치를 갖지 않는 경향이 있었다. 그러나 사후 이벤트에서 매우 재미있는 자료가 나왔다. 우리는 사람들이 여러 분야에서 고른 모든 설정과 옵션을 저장했다. 많은 사람이 여러 다른 경로와 설정, 여행을 선택했고 이것들을 일본, 영국, 미국의 장소들과 비교할 수 있었다. 나라별로 여러 매우 다른 트렌드들이 있었다. 이 경험을 확장해서 오랫동안 데이터를 분석하면 매우 흥미롭고 또 차 개발에 정보가 될 수 있다.

스튜어트 경험이 끝나고 공유할 수 있나?

후드 우리는 차의 특정 버전의 이미지를 만드는 데 쇼에서 경험이 완료된 후 공유할 수 있다.

스튜어트 고객이 이 프로젝트에 만족하고 성공적이라고 생각했나?

후드 매우 그렇다. 고객들은 꼭 봐야 하는 경험이라는 반응이었다. 차례가 될 때까지 한 시간 이상 줄을 서서 기다렸다. 디트로이트와 굿 우드에서도 좋은 반응을 얻었다. 이것들은 페이스북 전의 오큘러스 리프트를 사용한 현대 VR의 초기 모습으로 우리와 고객 모두 이 매체를 기쁘게 최대한 효과적으로 사용했다.

스튜어트 닛산 입장에서 VR을 사용한 이유는 무엇인가?

후드 그들에게 VR의 몰입성을 이해하도록 롤러코스터를 보여준 후 무진(無塵)실의 차를 사용하여 만든 부품을 바꿀 수 있는 간단한 앱을 보여주었다. 이것으로 그들이 해야 할 현장감과 접근성, 몰입에 대한 설명이 되었다. 이것은 오큘러스를 둘러싼 주요한 선전을 하기 전이어서 이 기술을 소개했을 때 그들은 이것이 사용 가능한 것인지조차 모르고 있었다. 6개월 후 이 프로젝트를 그들에게 보여줬을 때 VR과 연관될 수 있다는 사실에 매우 흥분한 모습을 볼 수 있었다.

스튜어트 선전 기간이 끝난 뒤 VR을 브랜드에 파는 것이 힘들었나?

후드 그렇다, VR이 대화의 가장 중요한 부분임에도 힘들었다. 고객에게 가서 '가상세계로 무엇을 할 수 있는지 이야기해 보죠'라고 할 생각은 전혀 없다. VR이 해결할 수 있는 문제를 해결하고 이런 문제가 있는 고객을 찾아서 '이런 문제가 있네요. 우리가 해결하겠습니다'라고 말하겠다. '어떻게 해결하겠습니까?'라는 질문에 VR이 유일한 해답이기 때문에 VR을 사용하는 것이다. 문제와 해결책이 있고 그다음에 VR을 문제 해결을 위해 확실히 사용하는 것이다. VR을 하고 싶어서 문제를 제공하는 것이 아니라는 말이다. 고객이 'VR에 대해 논의해봅시다'라고 하면서 찾아올 때 제가 먼저 하는 생각은 '당신은 VR이 문제에 대한 해결책이라는 것을 알기 때문에 VR에 관해 이야기하려는 겁니까, 아니면 그저 VR에 대한 호기심으로 뭔가 해 보자 하는 건가요?'이다.

스튜어트 어떻게 브랜드가 시중에 있는 극소수의 헤드셋을 가지고 진짜 VR 쌍방향 경험을 효과적으로 제작할 수 있나?

후드 그것이 문제다. 두 계층의 VR밖에 없고 함께 쓰면 자주 정체된다. 삼성의 기어 VR이나 데이드림을 제외한 최첨단의 VR인 오큘러스 리프트나 HTC Vive, 플레이스테이션 VR조차 그런 현상이 발생한다. 이렇듯 완전히 쌍방향인 몰입 플랫폼과 모바일 VR사이에서 말이다. 하지만 구글 카드보드를 보라. VR을 보고자 하는 사람들이 있다면 이것이 가장 궁극적인 방법이다. 카드보드는 많은 돈을 들이지 않고 일종의 기초적인 시험자 코스의 가짜 VR에 접근할 수 있게 한다. 모두가 하드웨어(스마트폰)는 있으니까 배포하기 쉽고 회사는 브랜드 파워를 높일 수 있다. 마르텔과 이 작업을 했다. 이것을 사용해서 어느 정도 도달할 수 있었다. 카드보드가 VR을 대중화 한 것에 대해 말하기는 쉽지만, 실제 거리로 나가 100명의 사람들에게 물어보면 카드보드를 들어본 사람을 한 명이라도 찾는 것이 힘들 것이다. 그러니까 이것은 대부분 아직도 거품이 많다. 카드보드는 쌍방향과 몰입이 부족하므로 상당히 제한된 설정에서만 사용할 수 있다. 그래서 보통 대다수의 게임은 간단한 브랜드 게임이나 360도 영상 혹은 일인칭 경험들이다. 괜찮은 현실 게임이 있긴 하지만 여전히 제한이 많다.

데이드림과 기어 VR에 대한 호감은 모바일 기반의 경험이 어디까지 갈 수 있는지 보여준다. 가령 판타스틱 비스트 (Fantastic Beasts) 같은 경우 VR 개발자가 카드보드로 높은 강도의 스릴을 만들기 위해 2년 동안 꼼짝도 못했다. 그러나 이런 종류의 경험에 대한 장벽이나 문제는 해결 가능하다. 그렇기 때문에 실용적 이유보다 순수한 VR로서의 작품이 많이 나와 있는 것이다. 아직은 데이드림이나 기어 VR을 가진 사람을 찾는 것조차 참신한 일이다. 삼성이 기어 VR을 출시하면 애플이 뒤를 따를 것이고, 그러면 정말 크게 시작할 수 있으리라 기대했었다. 사람들은 그것이 무엇이든 애플이니까 하며 구매할 것이다. 그 정도로 애착이 있다. 하지만 오로지 삼성의 갤럭시 스마트폰에서만 호환 가능한 제품으로는 한계가 있다. 고객들과 이야기하면서 가치 있는 일을 하고자 한다면 가진 소수의 사람만이 헤드셋을 가지고 있는 것은 항상 장벽이 될 것이다. 고객들에게는 항상 일정한 수의 잠재 고객들을 기대하는 티핑포인트가 있다. 예를 들어, 아마존 에코를 보면 사람들은 대부분 그 기기를 가지고 있을 리가 없다. 그러나 그것을 가지고 있는 고객들에게는 이 경로로 가는 것이 충분하다. VR은 그런 티핑포인트가 없다. 우리가 고객에게 주는 어떤 헤드셋도 충분하지 않다. 고객들은 매우 신나 하지만 말이다. 기기로서 가능한 경험의 활용성과 기기가 있는 사람들 간의 차이야말로 뭔가 특별한 일을 해야 할 필요가 있는 일이다.

스튜어트 VR을 사용한 360도 영상의 역할은 무엇이라고 생각하나?

후드 대화를 활기 있게 한다. 헤드셋으로 할 수 있는 것이 80%라면 사람들은 여전히 헤드셋으로 몰입하고 싶을 것이다. 필요한 것을 가능하게 하는 기술을 여전히 기다리고 있지만 말이다.

스튜어트 VR이 마케팅에 있어 가치 있는 유형이라고 생각하나?

후드 잘 하면 그렇다고 생각한다. 대부분 자동차 쪽인데 실제로 좋은 사례들이 몇 건 있다. VR이 진정으로 귀중한 마케팅 도구인 이유는 단지 제품을 보는 것뿐 아니라 실제 느낌까지 알 수 있게 하기 때문이다. 그것은 정말로 의견을 바꾸고 마음에 뚜렷한 인상을 남기며 기념할 만한 것이 된다. 또 사람과 브랜드 간의 정서적 연결도 발생시킨다. 사람들에게 놀라운 경험을 제공하고 실제 그들이 무언가 실감을 했다면 다음에는 공유하도록 해야 한다. 적합하게 사용하여 데이터를 뽑아내고 공유 가능한 자료를 만들어서 사람들이 공유하게 한다면 이것은 매우 강력한 마케팅 도구가 될 것이다. 가장 대단한 마케팅 도구는 사람이라고 생각한다면 통제 가능한 공간에서 직접 만나서 제품으로 그들에게 직접 해 볼 것이다. 즉 그들을 제품으로 순간이동 시킬 것이다. 물론 그것은 불가능하지만 VR이 있으면 비슷하게 가능하다. 일반적 영상을 보여주거나 노래를 부르고 그림을 몇 장 보여주는 것보다 훨씬 낫다.

스튜어트 VR을 처음 접하는 브랜드에 어떤 충고를 해주고 싶은가?

후드 브랜드가 해야 하는 주요한 일은 VR에 투자하는 것이다. 즉 이 매체를 알고 이것이 무엇을 할 수 있는지 배우는 데 시간을 들이는 것이다. 정말 가치 있는 영역이다. 브랜드로서, 이 가치를 불러올 수 있다고 믿는 사람들과 토의를 하려 한다면 기준틀을 갖는 것이 유용하다. 따라서 사람들은 조사해서 정보를 얻고 나와 있는 경험을 시청하고 게임을 하며 쌍방향 교류를 해야 한다. 사무실에 다양한 VR 헤드셋을 갖추고 산업 전문가를 초청하여 실행 방법을 소개하자. VR 콘퍼런스에 참가해서 이야기도 듣고. 브랜드가 매체에서 무엇을 얻을 수 있는지 알아야 한다. 모든 매체가 다 중요하지만 특히 VR은 새로운 매체로서 더욱 그렇다.

스튜어트 메타버스가 있다면 마케팅에 어떤 작용을 할 것 같나? 마케팅이 가상현실에서 어떻게 진화할까?

후드 가상세계를 사람들이 서로 만나는 장소로 생각하기 시작하고 이 장소들에 거의 기존의 옥외 광고(out-of-home) 같은 곳들이 부여될 것이다. 마치 반(反) 이상향처럼 느껴지는 광고가 모든 곳에 붙을 것이다! 여기에는 선례가 있는데 피파 마케팅을 보라. 어딜 가나 있다. 우리는 그것보다 잘하리라 생각한다. 같은 방식으로 유명 브랜드의 공익사업과 콘텐츠에 대한 트렌드도 직설적인 영상과 메시지 광고를 상회하게 되길 희망한다. 이 혁명은 VR 안에서 계속될 것이다. 브랜드 협찬이나 관련된 상품과 서비스에 애착을 갖는 것은 서로 윈윈할 수 있는 가치를 제공한다. 이것은 메타버스에 배너를 넣는 것보다 훨씬 효과적일 것이다. 최소한의 희망사항이지만, 광고가 VR보다 훨씬 덜 명확하다고 생각한다. 우리는 앞으로 이런 것들에서 벗어나는 선택의 자유를 더 많이 갖게 되리라 생각한다. 그러므로 마케팅과 상호작용을 하는 이유는 그것이 사람들에게 소비자로서의 가치를 제공하기 때문이다.

자동차 업계와 가상현실

로스 휠러, 오토모티브(Automotive)의 대표이자 이매지네이션 (Imagination)의 이사

로스 휠러는 1998년부터 이매지네이션에 재직했고, 이제는 자동차 팀을 이끌며 재규어 랜드로버나 롤스로이스, 애스턴 마틴 같은 고객들을 전 세계적으로 관리하고 있다. 그는 몇 년 전 가장 성공적이며 야망 찬 VR 프로젝트였던 재규어 아이 페이스 VR을 출시한 바 있다.

재규어 아이 페이스 출시

대담

스튜어트 재규어 아이 페이스 출시 작업에 대해 이야기를 해보자.

휠러 2016년 11월 LA 모터쇼에서 새로운 아이 페이스를 선보였다. 전전기(全電氣) 콘셉트 재규어인데 텔사에 대한 그들의 반응이었다. 그들은 우리에게 와서 이 차로 무엇을 할 수 있는지, 어떻게 새로운 것을 할 수 있는지, 즉 올바른 매체와 연결하고 이런 쪽에 관심 있는 사람들과 소통하는 법을 물었다. 우리는 이미 VR 콘셉트에서 입증을 보인 바가 있다. 기술팀이 한번은 품질이 별로여서 고객들 앞에선 절대 선보이지 않을 (특히 고급 자동차에는) VR 샘플을 가지고 온 적이 있다. 바로 그 제안들을 거부했다. 그런데 어느 날 기술 수석인 러셀 홀이 온갖 업데이트가 다 된 바이브를 씌어 주면서 '이것 좀 봐봐' 하는 것이다. 그래서 '알겠어. 이건 사용할 수 있겠어, 소비자한테는 안 맞을 수 있지만, 신차 출시를 위한 홍보 측면에서는 맞을 듯해'라고 말했다.

이 차가 디자인된 방식의 핵심이 바로 VR이다. 재규어 랜드로버(JRL)는 VR을 제품 디자인에 활용해 왔다. 그래서 우리는 그것을 이용해 보자고 생각했다. 그렇다 해도 눈덩이를 던지거나 롤러코스터를 타는 등의 VR의 이목을 끌기 위한 측면 이상의 더 큰 것을 할 수는 없을까 생각했다. 진짜 소셜 성격의 것은 어떨까? 그래서 팀에 과제를 주었다. 사람들을 어떻게 한자리에 모을 수 있을까? 독일, LA, 런던 어디든지 간에 동시에 같은 방에 있는 듯이 느낄 수 있도록 기자와 자동차 매체들을 한자리에 모으는 것이다. 이안 칼럼(Ian Callum, 재규어의 수석 디자이너) 같은 실제 발표자를 가상으로라도 초빙해서 기자들이 차를 탐색할 기회를 주자고 생각했다. 질문과 답변도 할 수 있도록 했다.

스튜어트 이 경험을 보는 데 누구를 선택했나?

휠러 일반적이면서 상당히 회의적인 자동차 기자와 파워 유튜버, 유명인(우리는 LA에 있으니까!)과 무엇보다도 기술 매체다. 우리는 일반적인 자동차 매체보다 기술 매체가 이 제품을 세상의 모든 관객 앞에 전달하리라는 것을 알았다. 전기차같이 혁명적인 것을 출시할 때는 매우 중요하다.

스튜어트 헤드셋을 썼을 때 기자들이 본 것은 무엇인가?

휠러 맨 처음에 본 것은 E타입과 D타입의 스케이렉스트릭스 게임(Scalextric game)이었다. 이것은 사람들이 VR에 익숙해지도록 한다. 알다시피 아이들은 헤드셋을 쓰자마자 바로 게임하고 탐색하며 교류하는 등 익숙해지지만 어른들은 많이 힘들어한다. 뭔가 워밍업 할 것이 필요해서 스케이렉스트릭스 게임을 하게 했다. 그들은 서로의 헤드셋과 컨트롤러를 볼 수 있었는데 VR 안에서 옆에 있는 사람들에게 손을 흔들고 그들이 무엇을 하는지 알 수 있었다. 좀 더 멀리 바라보면 런던의 30명의 사람이 컨트롤러를 그들에게 흔들고 있는 게 보인다. 그들도 같이 손을 흔들어 줬다. 약간의 지연이 있었는데 1.1초 정도의 지연이었다. 그러고 나서 초록 화면에 라이브로 촬영되는 발표자가 나타난다. 발표자는 현재 사람들이 있는 곳에서 이층 버스가 날아다니는 돼지들과 함께 날아가는 공간으로 데려간다. 그런 다음에는 이안 칼럼이 차의 디자인 방식에 대해 이야기했다. 그는 어떻게 모든 것을 내팽개치고 완전히 새롭게 시작할 수 있었는지에 대해 이야기했다. 그런 다음에 차를 기자 앞으로 끌어낸다. 이렇게 하는 동안 기자는 개별적으로 모델을 제어하고 움직이며 주위를 살표 볼 수 있다. 다음으로 차는 완전히 모습을 드러내며 시청자의 새로운 관점인 소금 평원으로부터 좀 떨어진 곳에 착륙한다. 거의 칠 듯이 바로 앞을 지나가다가 멀어져 가는 것이다. 그런 다음 다시 친목의 환경인 탁자로 돌아와 엔지니어링 대표인 이안 홀번과 함께 차의 상세한 부분에 대해 이야기를 나눈다. 차를 폭발시켜 배터리, 짐칸과 무선 충전 등을 보여준다. 모든 것이 분해됐다가 다시 조립되며 지도를 따라 운전하다가 차고로 들어간다. 크기를 가지고 장난을 많이 했는데 어떤 때는 작은 차가 산에서 내려오며 회전력과 가속을 시연했다. 다음번에는 거대한 차고에 들어가 있는데 열린 트렁크에 온갖 짐들이 가득 차 있어서 그 공간을 그려볼 수 있다. 가상세계에서는 정말 기이하고 멋진 것들을 할 수 있다. 그러나 여기에서 할 일은 이야기를 하는 것이었다. 이 여행에 핵심 정보를 알려주고 차를 멋있게 보여줘서 이런 매우 직선적인 방식이 정보 전달을 확실하게 하는 것임을 확인하게 되었다. 그다음으로 Q&A가 이어졌다. 런던이나 LA, 독일에서 질문을 받는데 비니 존스나 제임스 고든이 질문하는 것을 분명히 들을 수 있었다. 이안 칼럼이 대답하는데, 두 대륙을 가로질러 VIP와 어마어마한 수의 사람들이 듣는 가운데 5방향 대화가 진행된다. 정말 미래 같은 기분이 들었다. 그러나 바로 당시 문제는 비용이었다. 다행히 델과 HTC가 우리와 같이 재규어 작업을 하도록 자극할 수 있어서 그들이 모든 도구를 다 건네줬는데 그렇지 않으면 이 일은 불가능했을 것이다. 많은 신기술이 그렇듯이 처음 시작하기에는 비용이 너무 비싸다.

스튜어트 프로젝트는 성공적이었나?

휠러 지금까지 한 가장 성공적인 신차 출시 행사였다.

스튜어트 이런 큰 성공에 VR의 역할은 무엇이었나?

휠러 전기차는 페트롤 차와는 별개의 문제로, 엔진, 구동계, 전동장치가 없어 지난 100년간 자동차 업계에 적용돼 온 규칙이 전혀 해당이 안 된다. 운전석을 앞으로 움직여 탑승객을 여러 다른 위치에 앉을 수 있게 하고 짐도 다른 장소에 둘 수 있다. 이 차는 차처럼 보일 필요도 없다. 물론 공기역학적으로 작용을 해야 하지만 차를 보면 보닛이 기존 차에 비해 작다. 포스터나 영사기, 슬라이드 없이 차를 매우 시각적인 방법으로 분해하는 데 VR이 정말 큰 도움이 됐다. 최첨단인 것은 말할 필요도 없다. 모두가 이것에 관한 이야기를 했다.

스튜어트 이 프로젝트가 홍보나 VR이 초래하는 실용적인 이익에는 어떤가?

휠러 차가 한 대밖에 없어서 정말 상세하고 매력적인 방식으로 여러 다른 대륙의 기자들에게 소개할 순 없었다. 개인적으로는 뭔가 충격적인 면이 있었다. 이 차는 얼마 전부터 출시해 있었고 사진 촬영이나 언론 홍보 등이 다 돼 있었다. 우리가 한 것이 바로 VR이다. 실제로 차 안으로 들어가 앉으면 베니스 해변이 주위에 나타난다. 차 내부의 주위를 몸을 움직여 돌아볼 수 있고 서서 차를 내려다볼 수도 있다. 계기판의 질감, 단추 한 개까지 볼 수 있다. 핸들이 눈앞에 나타나면 손을 뻗어 잡을 수 있다. 이 프로젝트가 끝난 뒤 3개월 후 같은 경험을 한 적이 있다. 한 번도 진짜 차에 앉아 본 적이 없지만 전에 타 본 느낌이 들었다. 실제 차에 타 본 적이 없으니 아무것도 몰라야 했는데 말이다. 가상현실을 했으니 시승을 해본 것이라고 스스로를 납득시켰다. VR을 통해 차 내부를 속속들이 알고 있었다. 그러니 기자들도 같은 느낌을 받았을 거고 이것은 매우 강력하다. 이런 차와의 연결감은 실제 차 외에는 존재하지 않는다.

스튜어트 그들은 이 성공을 어떻게 평가하나?

휠러 JLR은 모든 방면의 기사와 영화, TV 방송이 세계적으로 얼마나 되는지 보고하는 프라임이라는 회사와 협업했다. 정확한 데이터는 말할 수 없지만, 그해 LA에서는 모든 기록을 날려 버렸다. 독일은 심했다. 메르세데스와 아우디, 포르쉐가 기분이 상했다면 우리는 옳은 일을 한 것이다!

스튜어트 VR의 측면에서 이 프로젝트 제작과 연관된 주요 어려움은 무엇이었나?

휠러 다각형이다. 품질을 얻기 위해서는 모델에 가능한 많은 다각형을 넣어야 한다. 이것은 세부사항과 깊이, 현실감을 모델에 부여한다. 문제는 과부하가 돼서 너무 많은 정보를 사람들에게 주는 것이다. 사람들은 모든 곳을 찾아보고 만져보려 한다. 이러면 지연성 문제가 발생한다. 이것은 다각형의 좋은 균형을 찾는 일이다. 보기 좋고 작동이 잘되는 정도면 충분하다.

스튜어트 사람들이 다운로드해서 볼 수 있는 버전이 있나?

휠러 그렇다. 바이브 포트(Vive Port)에 가서 아이페이스 재규어 경험(iPace Jaguar experience)을 다운 받을 수 있다. 그러나 모든 것이 함께 네크워크화 된 소셜 환경에 있는 것이 아니어서 그날 행사장에서만큼 핫하지는 않다.

스튜어트 다른 플랫폼은 어떤가?

휠러 2017년까지는 그렇지 않았다. 오큘러스에 달려 있지만, 너무 큰 비용이 소모된다. 우리는 몰입 터널이라는 것을 만들었다. 한쪽 끝에는 바이브와 오큘러스를 다른 끝에는 구글 카드보드나 360도 영상을 PC에 연결하면 하나가 되거나 둘이 겹치지 않는 점이 생긴다. VR 산업이 결국 VHS와 베타맥스(Betamax) 같이 처리해야 할 문제로 끝나지는 않으리라 생각하지만 그럴 가능성은 있다. 우리는 유니티(Unit)나 언리얼(Unreal)처럼 모든 것을 실시간으로 만들 수 있다. 카드보드나 삼성 헤드셋으로 해도 아직은 미비하다. 현재 추진하는 콴타(Quanta)라는 대량 프로젝트가 있는데, 메타버스로 방송이 가능하게 될 예정이다. 그렇게 스마트폰이든 최첨단 VR 헤드셋이든 모든 매체로 전달되는 하나의 가상 활동을 하게 될 것이다. 노래를 하던 이야기를 하던 모든 것이 가능하다. 현재로서는 콘텐츠 제작비용이 매우 많이 들고 시장은 제한적이기 때문에 VR을 최첨단 헤드셋으로 고집한다면 마케팅하기가 어려울 수 있다. 이 헤드셋을 가진 3백만 정도의 사람들을 위한 경험을 제작한다면 비난을 감수하기가 쉽지 않다. 최소 5천만 명이 이 장비를 사용하는 수준으로 끌어올리지 않는 이상 의미가 없다. 이것이 지금 우리가 추진하는 것이다. 가상 콘텐츠는 여러 단계에서 사용이 가능하다. 감독의 입장에서는 여러 포맷으로 만드는 것에 대해 걱정할 필요가 없는데 콴타 같은 경우 모바일, PC, 360도 영상, 구글, 극도의 최첨단 등 모든 곳에 연결할 수 있다. 여러 다른 단계를 해 볼 수 있겠지만 우리는 그저 방송만 신경 쓰고 있다.

스튜어트　VR이 마케팅에 가치 있는 형식이라고 생각하나?

휠러　아직은 완벽하지 않다고 생각한다. 360도를 VR로 수량화하지 않는 이상 포화 레벨이 없다. 말하기가 조심스러운데 진짜 VR 경험이 아닌 것은 사람을 속이는 일이니까. 사람들은 자주 360도 영상만 보고 VR을 했다고 생각한다. 그건 진짜 VR이 아니다. 짜릿한 진짜 VR 경험을 하게 해 주고 싶다. 가장 순순한 형식을 유지할 수 있도록 VR을 보호하기 위해 노력해야 한다고 생각한다. VR이 360도 영상이라고 말함으로써 쉽게 VR을 죽일 수 있다. VR은 훨씬 더 나은 것이다. 그러니 이 질문에 성실한 답은 내가 큰 브랜드의 마케팅 책임자라면 당장은 큰돈을 지불하지 않겠다. VR이 굉장히 근사하고 360도 영상을 추월할 수 있다는 선전이 많아지고 시청자를 확보하기 전까지는. 다음에는 마케팅 가치가 크게 높아질 것이다.

스튜어트　미래에 VR을 어떤 마케팅에 사용하게 될까?

휠러　모든 마케팅 부문에서 그렇게 될 것이다. 이매지네이션에서 우리는 자선단체, 자동차, 스마트폰, 커피 뭐든 간에 제품을 사람과 연결하는 것에 관해 이야기해 왔다. 사람들이 컵이나 휴대폰을 들고 경험하면서 광고판보다 훨씬 강렬한 느낌을 받게 하는 것이다. 세상이 사람들이 제품을 직접 경험하는 것이 훨씬 강력하다는 사실을 깨달아 가고 있다고 생각한다. 그러니 제품을 사람들의 앞에 제대로 된 형태로 바로 가져다 놓을 수 있다는 것을 깨닫는 방향으로 전개될 것이다. 만약 커피가 어디에서 왔는지 알고 싶다면 콩이 재배되는 곳으로 여행을 떠나 기계로 어떻게 볶는지 보여주며 또 냄새가 시각화되어 주위에 맴도는 등 모든 과정을 생생히 알 수 있게 한다.

여기에서 휠러는 경험 마케팅과 VR의 상관성을 분명히 했다. 최근 경험은 마케팅에서 큰 성장 지역으로 보이는데 휠러가 말했듯이 제품을 사람들의 손에 올바른 형태로 가져다주는 것은 자극을 발생시키고 궁극적으로 판매로 이어진다. VR은 미래를 경험하며 집에서 경험할 수 있도록 한다.

스튜어트 보는 것과 느끼는 것은 차이가 있나?

휠러 그렇다, 그것은 정말 적절한 표현이라고 생각한다. 뇌가 착각을 일으켜 가상으로 여행을 하도록 하기 때문에 VR이 발생하는 것이다. 바이브에서 무서운 호러 게임을 해 보면서 알게 되었다. 한밤중에 혼자 거실 한가운데 서 있었는데 소파에 앉아 있던 고양이가 아주 놀라서 나에게 덤벼들었다. 뇌가 완전히 이탈돼서 고양이 덕에 마법에서 풀리기 전까지는 정신병동에 있다고 생각할 정도였다! TV나 다른 매체로는 절대 일어나지 못할 일이다.

스튜어트 VR에 처음 접근하는 브랜드에 어떤 조언을 할 수 있을까?

휠러 VR이 단지 근사하게 보인다고 해서 곧바로 사용하려 들지 말고, VR을 팔러 오는 사람들을 조심하라. 소셜 미디어가 출시됐을 때도 같은 일이 있었는데, 불과 1년이 지났을 뿐인데 모두들 자기가 소셜 미디어 전문가라고 말하고 다녔다. 마찬가지로, 모든 사람이 VR 전문가라고 자칭할 것이며 영화감독이나 그 밖의 사람들이 와서 VR로 많은 작업을 해 왔다고 말들을 할 것이다. 정신을 차리고 나면 엄청

비싼 영화 한 편 찍는 것으로 끝난다. 이야기에 집중하기보다 기술을 둘러싼 복잡한 부가물에 돈을 쓰기 쉽다. 언리얼이나 유니티를 이용해 어떻게 제작을 하는지 알고 있는 사람들을 찾아보라. 매우 어려운 일이다. 또 콘텐츠가 여러분이 원하는 것을 사람들에게 전달하도록 해야 한다. 버버리의 오리지널 패션쇼 360도 콘텐츠는 30명이 시청했다. 당시 프로젝트는 주로 VR 사용을 목적으로 한 것이어서 큰 타격은 없었다. 우리는 최근 중국에서 570만 명이 지켜보는 라이브 프로젝트를 했다. 요약하자면, 소규모로 시작하고 큰 비용을 들이지 마시라. 이야기가 있는지 확인을 하고 그저 VR을 하기 위한 작업은 하지 않도록.

VR 전반에 관한 결론

대담자들이 멋진 관점과 시각을 보여줬다고 생각한다. 다음에서 좀 더 두드러진 특징을 요약했다.

VR의 영역은 소셜 360도 플랫폼에 의해 확장되었다.

코코란은 남아프리카 관광청 VR 프로젝트의 성공은 페이스북에 360도 영상을 올렸을 때임을 강조했다. 우리는 비주얼라이즈에서 고객들이 소셜 미디어 기반의 360도 영상을 우선으로 요청하고 프리미엄 헤드셋 활동은 2차나 부가적인 것으로 요청하는 것을 자주 목격한 바 있다.

사용자 제작 콘텐츠와 인플루언서 제작 콘텐츠가 VR 활용을 촉진한다.

코코란은 인플루언서 마케팅(influencer marketing, 영향력을 행사하는 개인을 활용한 마케팅 방법)과 광고의 다른 분야의 사용자 생성 콘텐츠(UGC)에서 폭발적 증가를 목격했고, 360도 영상과 VR 활용의 촉진이 발생하는 것은 시간문제라고 생각하고 있다. 또 브랜드를 위한 좋은 기회라고 생각하는데 360/VR 같은 흥미진진한 신흥기술을 택하여 창의적이고 몰입하는 인플루언서와 결합하는 것이다. 여기에 큰 잠재성이 있다.

가상현실은 '능동적으로 참여하는 매체'로 간주된다.

관객의 주목을 받는 영화의 예고편과 마찬가지로 VR은 사람들을 깊이 있고 정서적이며 기억할 만한 방식으로 연결한다.

가상현실은 원하는 것은 무엇이든 할 수 있게 한다.

이것은 상당히 중요한 말로 마법의 진정한 일부이다. 좋아하는 프리미어 리스 선수와 축구 경기를 같이 할 수 있는 가상 활동을 상상해 보자. 혹은 우주 비행사가 되어 우주를 걸을 수도 있다. 고객의 환상을 실현할 수 있는 매우 강력한 마케팅 도구인 것이다. 그러므로 이것은 브랜드에 큰 잠재적인 영향을 미칠 수 있는 매체다.

VR은 '이 세상이 아닌' 경험을 가능하게 한다.

브랜드는 현실에서 대부분의 사람들은 경험하기 어려운 이 세상의 것이 아닌 경험을 제공하는 데 VR을 사용할 수 있다. 마블 영화의 인물이 되거나 수중의 난파선을 탐색, 좋아하는 밴드 멤버와 저녁 식사 혹은 좋아하는 스포츠 스타와 훈련을 같이 하는 등 말이다.

성공하는 360도 콘텐츠 제작을 위한 규칙

노클즈는 VR 산업의 초기 시절부터 적용되던 일련의 규칙이 있고 이것들은 아직도 적용 가능하다고 설명한다. 즉 인접, 사회자 주도 및 참여성과 친밀성이다. 인접은 보통 카메라와 헤드셋 모두의 해상도 저하로 발생한다. 사회자 주도는 'VR FOMO'(좋은 기회를 놓치고 싶지 않은 마음 Fear Of Missing Out의 줄임말)의 갈등을 돕는 것으로 이야기를 따라가고 현장에 좀 더 참여하도록 보조하는 인물이다.

VR 헤드셋의 콘텐츠가 헤드셋 외부의 콘텐츠보다 훨씬 영향력이 강하다.

고객은 VR 헤드셋 콘텐츠에 진정 매료가 되어 전념한다. 이것은 놀랍도록 자연스럽고 영향력 있는 매체로 360도 콘텐츠

를 모바일과 데스크톱으로 볼 수 있으나 효과는 그다지 좋지
않다.

VR은 성공을 위해 소셜이어야 한다.

노클즈는 VR 경험이 산업이 진정으로 시작되기 위해서는 소
통이 가능하고 친목성이 있어야 한다고 생각한다. 이것은 지
금 매우 중요한 점으로써 VR이 고립적인 것으로 인식되고 있
기 때문이다. 그러나 VR은 세계에서 가장 큰 소셜 커넥터가 될
가능성이 있다.

실시간 VR의 미래

노클즈는 360도 영상의 자연스러운 진화를 '용적 측정 캡처'
로 가는 것으로 생각했는데 이것은 사람들로 하여금 '게임 엔
진' 안의 콘텐츠를 시청하고 영화 세계를 걸어다닐 수 있게 한
다. 마치 영화 세트장의 실제 일부에 있는 것처럼 말이다.

VR은 '접근'을 가능하게 한다.

후드는 실질적으로 불가한 사물과 장소에 사람이 접근할 수
있는 법을 설명했다.

VR은 문제를 해결할 때 사용해야 한다.

VR 사용을 정당화하기 위해 문제를 새로 만들어서는 안 된

다. 지금까지는 후드가 강조한 것이 너무나도 자주 산업계에서 나타나고 있다. 휠러는 또 이 점을 지적해서 단지 VR이 하고 싶어서가 아닌 좋은 이야기가 있을 때 VR을 하라고 말한다.

VR은 아직 티핑포인트에 도달할 필요가 있다.

후드는 실제 활용을 할 때 많은 클라이언트가 여전히 VR 사용에 대해 고민하는 것을 강조한다. 그 이유는 간단하다. 아직 충분한 헤드셋이 나와 있지 않기 때문이다. 고객의 비용 지불을 정당화하기 위해서는 헤드셋 수량이 티핑포인트에 도달할 필요가 있다. 휠러는 또 최소 500만의 활발한 사용자를 획득해야 함을 강조한다.

VR은 단지 제품을 보는 것뿐 아니라 만질 수 있게 한다.

VR은 정말 의견을 바꾸고 마음에 깊이 남아 기억하게 하며 사람과 브랜드 간의 정서적 유대까지 발생시킨다. 이 사실은 지난 십 년간 성공한 마케팅의 또 다른 부분인 경험 마케팅을 반영한다. 경험 마케팅에서 브랜드는 제품을 고객의 손에 쥐어 주고자 노력했다. VR은 실제 제품이나 장소가 없어도 이것을 가능하게 한다.

VR의 중요한 과제는 공유 가능성이다.

사람들은 멋진 개인적 경험을 한 후 그것을 공유하기가 힘들다는 것을 알게 된다. 경험은 브랜드와 고객을 위한 ROI의 최대화를 위해 그 핵심을 공유하도록 디자인해야 한다. 가장 성공한 VR 수용은 사람들이 VR로 만든 개인 영상이나 사진을 공유할 수 있게 한다.

헤드셋의 비용은 VR의 제한적 요소다.

헤드셋의 비용은 VR의 성장에 있어 장애로 인식된다. 캠페인 관점에서 콘텐츠를 볼 수 있는 '눈'의 수가 제한적인 셈이다. 단기적 관점에서 제2의 해결책은 360도 영상을 온라인에서 공유하는 것이다. 그렇지 않으면 캠페인은 헤드셋을 공급하는 신체적 활동을 목표로 해야 할 것이다.

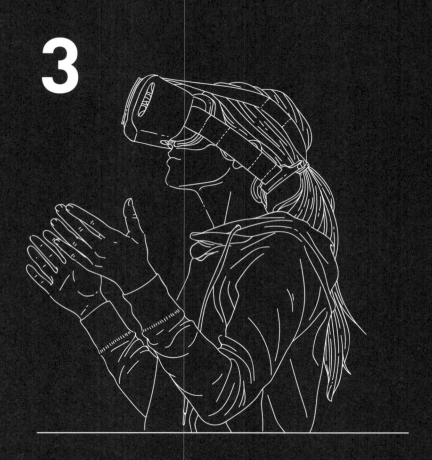

3

VR 마케팅의 유형과 선택방법

마케팅에 VR을 사용

할 때 많은 다양한 접근법이 있다. 전달 플랫폼과 헤드셋 그리

고 쌍방향과 비쌍방향 및 많은 변수 중에 선택해야 한다. 우리

는 2018년을 기반으로 이용 가능한 새로 나올 헤드셋을 기대

하고 있다. 또 이것이 매우 빠르게 진화하리라는 점을 유념하

고 있다. 이번 장에서는 VR 헤드셋에 대한 근본적인 이해와 곧

출시될 VR 기기 선택에 대한 정보를 제공한다. 또한, 게임 엔

진 기반 대 360도 영상 기반 콘텐츠의 선택을 다시 논의한다.

이것은 실시간 엔진 대 VR 영화 콘텐츠라고도 알려져 있다.

가상현실 헤드셋과 플랫폼

　시장에는 수백 개의 VR 헤드셋이 있다. 대다수가 구글의 카

드보드 체계를 기반으로 하는데, 즉 단순한 스마트폰 홀더라

고 할 수 있다. 다음으로 인기 있는 헤드셋 역시 스마트폰을

사용해서 움직이지만 좀 더 깊이 하드웨어와 통합한다. 헤드셋에는 전용 센서가 있어서 카드보드 기반의 설정보다 더 나은 VR 경험이 가능하다. 마지막으로 고급 헤드셋이 있는데, 이것은 PC나 콘솔에 연결하여 사용한다. 매출액과 설치 기반 등, 이 시장에 관한 모든 것이 슈퍼데이터의 표 3.1에서 3.4에 나와 있다. 이것은 현재까지의 시장과 미래에 대한 건전성과 성장에 관한 멋진 통찰력을 제공한다.

표 3.1의 수치와 예상은 근사하다고 생각한다. 전반적인 VR 헤드셋에 대한 하락세가 보이지만 속지 않기를. 헤드셋 수는 초기에 구글 카드보드나 '라이트 모바일(light mobile)' 장치 덕에 증가했다. 이것들은 보통 무료로 제공되고 한 번 이상 사용하지 않기 때문에 초기 숫자는 부풀려진 것이라 할 수 있다. 중요한 점은 헤드셋과 콘솔의 독자적인 대규모 성장(예상치)이다. 슈퍼데이터는 PC뿐 아니라 헤드셋 모두 2018년 판매가 하락할 것으로 예상했으나 PC는 가능한 깜짝 놀랄 정도의 강력한 VR 경험을 원하는 사람들이 있는 한 강세를 유지하리라 생각한다.

표 3.2는 특정 브랜드의 VR 헤드셋에 대한 세부 내용과 2년간(2016-17)의 판매량을 보여준다. PC와 콘솔 헤드셋 성장으로 판매가 강세를 보였으나 프리미엄 모바일 헤드셋은 내림세

표 3.1 VR 헤드셋의 종류별 실제 및 예상 연간 소비자 출하량

연간 소비자 출하량	2016	2017	2018	2019	2020	2021
라이트 모바일	84,398,503	59,313,844	38,847,040	21,911,663	15,498,275	9,209,110
프리미엄 모바일	5,064,463	4,063,069	2,704,765	1,870,568	1,553,462	1,179,192
콘솔	745,434	1,693,339	1,474,005	1,416,488	2,834,540	3,720,291
PC	828,316	1,391,826	516,949	345,734	234,360	219,412
단독	—	37,183	4,195,775	14,165,478	23,051,014	28,697,972
합계	91,036,716	66,499,261	47,738,534	39,709,931	43,171,651	43,025,978
비(非)카드보드 합계	6,638,213	7,185,417	8,891,494	17,798,268	27,673,376	33,816,868

자료 슈퍼데이터 시장연구, 2018년 1월

표 3.2 실제 헤드셋 출하량과 업계 연구

연간 출하량	2016	2017
오큘러스 리프트	357,903	652,469
HTC 바이브	420,108	531,412
윈도 혼합 현실	–	94,809
플레이스테이션 VR	745,434	1,693,339
삼성 기어 VR	4,512,732	2,006,150
구글 데이드림	208,866	152,980
구글 카드보드	84,398,503	59,313,844

자료 슈퍼데이터 시장연구, 2018년 1월

다. 그러나 오큘러스 고와 다른 독자적인 헤드셋이 출시되면 이 분야는 곧 큰 추진력을 얻을 것으로 생각한다. 수치 중 구글 카드보드를 보면 표 3.3에서 분명한 VR의 성장이 예상되는 것을 알 수 있다. 출하량 역시 증가할 것으로 예상되고 무엇보다 전 세계 사용자의 설치 기반이 증가할 것으로 생각한다. 표 3.4는 VR 산업 전반에서 매우 중요한 항목의 판매 이익을 보여준다.

맨 위에서부터 시작해서 VR 하드웨어는 VR에 필요한 모든 헤드셋을 포함할 것이며 소프트웨어, 게임과 영화 또는 전문가 VR이 2018년에 이어서 계속 판매될 것으로 생각한다. 재

표 3.3 지역별 수준(구글 카드보드 제외))

지역별 소비자 출하량	2016	2017	2018	2019	2020	2021
북미	2,274,232	2,182,738	2,705,871	5,453,367	8,226,454	10,105,842
유럽	1,918,520	1,702,598	2,110,421	4,121,105	6,231,726	7,624,082
아시아	1,592,111	2,692,990	3,271,559	6,731,189	10,859,524	13,206,176
남미	468,517	357,288	502,050	957,617	1,570,385	1,922,937
그 외	384,834	249,803	301,593	534,989	785,287	957,830
합계	6,638,213	7,185,417	8,891,494	17,798,268	27,673,376	33,816,868

지역별 설치기반	2016	2017	2018	2019	2020	2021
북미	2,239,530	3,885,918	4,766,365	8,069,209	12,900,922	19,510,777
유럽	1,889,246	3,031,126	3,717,484	6,097,895	9,772,741	14,719,384
아시아	1,567,817	4,794,317	5,762,818	9,959,970	17,030,165	25,496,418
남미	461,368	636,077	884,365	1,416,962	2,462,716	3,712,506
그 외	378,962	444,722	531,253	791,610	1,231,506	1,849,229
합계	6,536,924	12,792,160	15,662,276	26,335,646	43,398,050	65,288,314

자료 슈퍼데이터 시장연구, 2018년 1월

표 3.4 XR 수익과 예상치

가상현실 수익($)

	2016	2017	2018	2019	2020	2021
하드웨어	1,613,728,922	1,965,397,068	2,862,148,304	6,577,997,711	9,791,749,568	12,160,135,683
소프트웨어	227,717,952	554,316,868	1,017,109,514	2,079,269,450	3,650,181,200	5,567,100,428
합계	1,841,446,874	2,519,713,935	3,879,257,819	8,657,267,162	13,441,930,768	17,727,236,111

모바일 증강현실 수익($)

	2016	2017	2018	2019	2020	2021
하드웨어	-	-	-	-	-	-
소프트웨어	925,594,332	1,066,345,769	2,173,887,204	6,492,787,651	10,607,218,267	17,401,888,481
합계	925,594,332	1,066,345,769	2,173,887,204	6,492,787,651	10,607,218,267	17,401,888,481

혼합 및 증강현실 헤드셋 수익($)

	2016	2017	2018	2019	2020	2021
하드웨어	91,078,000	96,493,280	382,020,588	2,666,720,879	6,597,491,292	12,025,432,544
소프트웨어	9,864,340	53,403,409	65,088,086	297,922,240	1,037,087,899	2,920,363,896
합계	100,942,340	149,896,689	447,108,674	2,964,643,120	7,634,579,191	14,945,796,440

360 카메라 수익($)

	2016	2017	2018	2019	2020	2021
합계	112,411,080	529,164,053	1,689,635,208	1,758,321,648	2,265,554,282	2,795,535,395

총 수익($)

	2016	2017	2018	2019	2020	2021
하드웨어	1,817,218,002	2,591,054,400	4,933,804,100	11,003,040,239	18,654,795,143	29,981,103,623
소프트웨어	1,163,176,623	1,674,066,046	3,256,084,805	8,869,979,341	15,294,487,365	25,889,352,805
합계	2,980,394,626	4,265,120,446	8,189,888,905	19,873,019,580	33,949,282,508	52,870,465,428

자료 슈퍼데이터 시장연구, 2018년 1월

미있는 점은 모바일 증강현실의 소프트웨어 판매가 VR 업계의 총판매량과 일치하기 시작하는 점이다. 이것으로 곧 목격하게 될 증강현실의 천문학적인 급상승을 상상할 수 있다. 또 그 매체가 더욱 주류가 되면서 VR 카메라의 판매율은 2016년에서 2017년에 4.5배가 증가한 점이 흥미롭다. 카메라 수가 많아지면 콘텐츠도 더 많아지게 되며, 이는 더 많은 사용을 촉진할 것이다. 슈퍼데이터는 구글 카드보드를 '라이트 모바일' VR 헤드셋으로, 구글 데이드림을 '프리미엄 모바일' 옵션으로 분류했다. 오큘러스 리프트, 윈도 MR과 HTC 바이브는 'PC'로, 플레이스테이션 VR은 '콘솔' 옵션이다. 마지막으로 2018년 현재 오큘러스 고와 HTC 바이브 포커스가 새롭게 추가된 '독자적' 분류에 포함되었다.

라이트 모바일 VR 헤드셋(구글 카드보드)

구글 카드보드와 호환되는 헤드셋은 5달러에서 6달러 사이로 기본 사양의 제이스 VR 원(Zeiss VR One) 같은 저렴한 가격대의 카드보드 모델이다. 고가의 가격대 모델은 고성능 렌즈 구성으로 이뤄져 있다. 이 모든 헤드셋은 시각을 지정하고 몰입감을 주기 위해 스마트폰의 내장 센서에 의존한다. 무엇보다 구글 카드보드는 애플의 아이폰으로 가능한 유일한 VR 플랫폼이다. 이것은 플랫폼에 막대한 이익이다. 애플에 있어 VR 사용자와 연결되기 위한 유일한 경로는 구글 카드보드다. 특성 및 가격상 구글 카드보드 제품은 맞춤 인쇄와 제작이 가능하다. 이로 인해 VR 헤드셋을 대량 메일로 보내거나 무역 박람회나 매장처럼 배포를 할 수 있는 곳에서는 많은 마케팅 활동

그림 3.1 Adam&EveDDB와 FT와 함께한 비주얼라이즈의 캠페인으로 만들어진 구글 카드보드 헤드셋

자료 FT 재구성 사진 (2016년 6월)

을 할 수 있다. 헤드셋은 납작하게 포장해서 우편으로 보낼 수 있다. 〈파이낸셜 타임즈〉와 함께했던 비주얼라이즈의 프로젝트 중에 '숨겨진 도시'라는 작업에서는 사람들이 수천 명의 독자들에게 주말 잡지에 출시되는 작품과 함께 헤드셋을 부치는 것을 볼 수 있다. 구글 카드보드의 주요 단점은 성능이다. 스마트폰의 내장 센서에 의존하기 때문에 이전 버전과의 호환성이 있어야 한다. 그런데 종종 호환성이 없는 스마트폰을 가지고 있는 사람들이 많아서 메모리 호깅이라는 앱이 새로 나왔다. 이런 모든 것들이 경험의 지연을 초래하고 멀미 가능성도 커진다. 또 다른 단점은 헤드셋과 렌즈의 편안함 및 내장 품질이다. 특히 저렴한 대부분의 헤드셋은 스트랩도 없어서 쌍안경처럼 계속 들고 있어야 하고 따라서 장시간 경험으로 유도하기 어렵다. 또 보통 구글 카드보드 앱은 최대한 많은 다양한 종류 및 연식의 스마트폰에서 실행하기 위해 저사양 기능으로 제한되어 있다. 즉 쌍방향 VR 경험용으로는 매우 제한적인 프로세서나 그래픽 전력만이 나와 있다는 것이다. 그러므로 게임 엔진이 요구하는 것을 실행하려면 콘텐츠를 매끄럽게 보여줄 수 있도록 스마트폰의 그래픽이 매우 단순해야 한다. 이것은 비교적 고품질인 360도 영상 기반의 경험을 선호하고 쌍방향 VR은 간과하는 경향을 의미한다. 이 때문에 360도 영상에는 새로운 보너스 기능이 추가되었다. 사용자가 VR 헤드셋이 없을 경우, 전체 화면을 보면서 폰을 주변으로 움직이면 내장

된 자이로스코프를 사용하여 영상을 탐색할 수 있다. 매우 훌륭한 이 기능은 '매직 윈도'라고 불린다. 구글 카드보드 헤드셋으로 콘텐츠를 보는 다양한 방법이 있다. 가장 쉽고 저렴한 것은 유튜브에 360도 영상을 올린 뒤 아이폰이나 안드로이드의 유튜브 앱을 사용하여 보는 것이다. 다음은 웹 VR이나 360도 영상 플레이어로 웹 페이지를 만들고 마지막 프리미엄 옵션은 전용 앱이다.

유튜브

360도 영상이나 브랜드나 회사에서 제작한 것들은 유튜브에 올릴 수 있다. 이것은 유튜브 앱으로 보면 사람들은 구글 카드보드를 통해 VR 콘텐츠를 시청할 수 있다는 뜻이다. 여기에는 몇 가지 장점이 있는데 ①데스크톱이나 모바일에서 구글 카드보드 헤드셋 없이 시청할 수 있고, ②기본적으로 무료이며, ③유튜브는 3D와 앰비소닉 오디오가 가능하므로 고품질의 콘텐츠를 거의 최고 형태로 볼 수 있다. 진짜 문제는 사람들이 영상에 어떻게 접근하냐는 것인데 아이폰에는 유튜브 앱이 기본으로 장착돼 있지 않다. 그러므로 사람들은 앱을 먼저 다운받은 후 콘텐츠 링크를 따라가거나 유튜브에서 콘텐츠를 검색해야 한다. 안드로이드 기기는 훨씬 간단하다, 앱이 미리 설치돼 있어서 콘텐츠에 접근하는 데 지장이 적다. 만일 QR코드나 일반 텍스트로 된 링크가 있는 헤드셋을 받는다면 사람

그림 3.2 〈FT〉를 위해 비주얼라이즈와 아담&이브 DDB가 감독한 영화 〈어둠의 더블린〉 중 유튜브 스크린 캡처 (2016. 11.) (구글 카드보드 아이콘이 오른쪽 아래 구석에 있다)

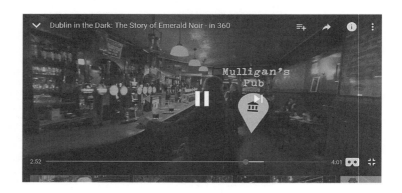

들은 즉각적으로 iOS가 아닌 안드로이드의 콘텐츠로 이동할 것이다. 또 다른 장벽은 사용자가 콘텐츠의 분할 창 버전을 실행하기 위해서는 오른쪽 아래의 작은 아이콘을 클릭해야 하는 점이다(그림 3.2).

웹 VR과 웹 360

웹 VR은 자바 스크립트를 기반으로 하여 웹 브라우저를 통한 오큘러스 리프트, HTC바이브 및 구글 카드보드 같은 VR 헤드셋을 사용할 수 있게 하는 새로운 온라인 플랫폼을 말한다. 쌍방향을 하하는 동안 최첨단 스마트폰도 지연이 있기 때문에 저자는 360도 동영상 앱용을 위한 웹 기반의 VR을 선호한다. 웹 360도의 매력은 사용자가 단일 링크만 있으면 방문해서 앱 설치 없이 카드보드의 콘텐츠를 볼 수 있는 점이다. 시청자를 카드보드 분할 화면 시청 기본값으로 지정할 수도 있다. 플레이어 역시 기본값 지정이 가능한데 외관뿐 아니라 스트림 되는 콘텐츠의 품질까지도 가능하다. 웹 360도의 단점은 콘텐츠가 다른 곳에서 먼저 생겨야 하고 이것은 비용이 발생한다는 것이다. 특히 콘텐츠가 인기가 많을 경우 더욱 그렇다! 그러므로 라이브로 올리기 전에 콘텐츠의 비용이 어느 정도인지 꼭 확인하도록 하자. 또 다른 문제는 유튜브와는 달리 웹페이지 앱은 생성이 돼야 하고 이것 역시 비용이 든다.

구글 카드보드 앱

구글 카드보드 헤드셋의 콘텐츠를 보는 최고의 방법은 전용 앱을 통하는 것이다. 앱은 가공 과 콘텐츠의 메시지 조정을 할 수 있다. 또 웹 VR이나 유튜브보다 품질을 더 많이 조정 할 수 있다. 우리는 비주얼라이즈에서 만든 앱에 콘텐츠 시청에 2가지 옵션을 부여했다. 다운로드 또는 스트림인데, 다운로드를 할 때 최적의 품질이 된다. 브라우저에서 실행하지 않을 경우, 웹 VR 같은 배경화면의 '오버헤드'(overhead, 컴퓨터가 사용자 프로그램을 실행할 때에 직접 사용자 프로그램처리를 하지 않는 부분)가 생기지 않는다. 이것 역시 유튜브와 달리 맞춤 설정이 가능하다. 그러나 360도와 마찬가지로 콘텐츠는 다른 곳에서 먼저 발생해야

해서 비용을 고려해야 한다. 카드보드용 쌍방향 VR 앱을 제작할 웹 VR을 사용하는 것보다 더 많은 조정과 최적화가 가능할 것이다. 이 역시 디자인, 제작, 업데이트 등의 부대비용이 발생할 수 있다.

구글 카드보드 요약

전반적으로 구글 카드보드가 저렴하고 플랫폼 간 호환성이 가능한 점은(애플 폰 포함) VR 경험을 위한 최고의 일반적인 선택이라고 할 수 있다. 카드보드는 온라인으로 가능한 360도 동영상을 제작할 수 있어서 수백만의 사람들에게 전달할 수 있고 구글 카드보드 플랫폼을 통해 VR 헤드셋으로도 시청할 수 있다. 인플루언서를 사용하여 그들의 영향력을 빌리고 싶다면 구글 카드보드의 VR 플랫폼은 최고의 선택이다(페이스북 360도와 더불어 말이다. 나중에 더 설명하겠다).

프리미엄 모바일 VR 헤드셋

이 분류에는 삼성 기어 VR과 구글 데이드림 헤드셋이 있다. 모두 사용자의 스마트폰을 동력으로 한다. 이것은 헤드셋의 전면에 놓여 화면이 되며 경험을 가능하게 하는 전력 역할도 한다. 이 방식의 이점은 주요 비용에 있다. 사용자가 이미 삼성 갤럭시 S7이나 S8, 혹은 구글 픽셀 1이나 2 같은 최첨단의 전화기가 있다면 60달러에서 100달러 정도의 헤드셋을 사면 멋진 VR 경험을 할 수 있다. 스마트폰 전력의 프리미엄 모바일 헤드셋에 내장된 자이로스코프와 가속도계는 스마트폰의 헤드셋 지정능력을 개선하며 매끄럽고 편안한 움직임을 제공한다. 또 모든 스마트폰에 호환되는 것이 아니고 맞는 폰에서만 실행할 수 있다. 이것은 빠른 속도로 더 나은 품질과 편안함을 의미한다. 헤드셋은 또 컨트롤러가 있어서 영상이 쉽게 전환되고 쌍방향 게임은 더 쉽게 조정할 수 있다. 이런 수준의 스마트폰은 보통 360도 영상을 기반으로 한 브랜드 활동, 특히 삼성의 기어 VR에서 사용된다. 이 시스템을 사용하는 주된 이점은 비용과 품질 간의 균형이다. 총 700달러 정도로 스마트폰과 헤드셋, 헤드폰을 구할 수 있다. 1500달러에서 2000달러까지 하는 최고급의 헤드셋과 이에 수반하는 컴퓨터를 비교해보자. 프리미엄 모바일과 PC 헤드셋 간의 360도 영상의 품질 차이는 비교적 미비하다. 프리미엄 모바일, 스마트폰 기반의 VR 헤드셋은 VR 활동과 관련해 다른 많은 매력이 있다. 이것들은 작은 케이스에 꾹 눌러 넣어 쉽게 운반 가능하며 작동이 간단하다. 앱을 실행하고 스마트폰을 헤드셋 안에 놓는다. 이것은 또 별도의 컴퓨터와 연결해야 하는 선이 필요 없다. 그럼에도 프리미엄 모바일 헤드셋이 고전하는 곳은 게임 엔진 기반의 쌍방향 콘텐츠이다. 콘텐츠는 프로세서가 매우 강력하고 완전 동작 추적 컨트롤러와 헤드 드래킹에 잘 맞는다. 그러므로 마케팅 활동을 하면서 쌍방향을 원한다면(무역 박람회에서 산업 장비와 함께) 해당 제품은 PC 전력의 프리미엄 헤드셋에서 훨씬 좋게 보일 것이다.

삼성 기어 VR

삼성 기어 VR은 삼성과 오큘러스의 합작으로 오큘러스 모바일로 불리기도 한다. 기어 VR은 갤럭시 S7, S8 또는 S9와 제36세대 제품에서 실행이 가능하다. 이 플랫폼용으로 제작된 마케팅 콘텐츠는 오큘러스 에코시스템에 들어가기가 어렵다. 그 이유는 오큘러스가 플랫폼이 광고로 뒤덮이기를 원치 않기 때문이다. 콘텐츠가 사적일 필요가 있는 미묘한 협찬의 경험이 아닌 이상(예를 들면 앱으로 특정한 오큘러스 회원이 다운로드를 받는 등) 말이다. 또 다른 방법은 간단히 'APK'(안드로이드 패키지 킷)을 업로드하는 것이다. APK는 회원가입만 하면 실행된다. 즉 전화기의 고유 코드를 찾아 앱 자체의 코드에 로그인했다는 것만 확인하면 앱이 스마트폰에서 실행된다. 그러나 이것은 꽤 번거로운 과정이어서 고맙게도 오큘러스는 오큘러스 스토어에서 프라이빗 앱으로 특정한 오큘러스 사용자 이름을 공유할 수 있다. 행사에서 기어 VR을 사용할 때, 보통 예비 스마트폰이 다른 폰을 사용하는 동안 충전된다. 즉 활동이 많이 있는 동안에도 끊임없이 콘텐츠 사용이 가능하다는 뜻이다. 일부 VR 앱은 헤드셋 과열을 조심해야 하지만 새로운 갤럭시 스마트폰일수록 영향을 좀 더 적게 받는다. 단지 S6 시리즈에만 분명 문제가 있다. 일부 제작자들은 헤드셋의 과열 방지를 위해 커스텀 마운드를 사용하기도 한다. 우리는 경험 활동 동안 맞춤 제작 로고를 스마트폰 뒤에 부착했는데, 이로 인해 빨리 과열이 되는 불상사가 있기도 했다. 기어 VR 헤드셋은 경험에 다른 어떤 VR 헤드셋보다 많이 사용된다. 이것은 비용과 성능 간의 균형 덕분이다. 특히 360도 영상에서 더욱 그러한데 영상을 고해상도로 실행하고 화면은 프리미엄 헤드셋과 같은 해상도를 보인다. 이것은 프리미엄 세트(예를 들면 오큘러스 리프트와 게임 PC)의 3분의 1 가격으로 같은 경험을 즐길 수 있다는 의미다. 여기에 더하여 컴퓨터와 선으로 연결할 필요가 없어서 훨씬 설치와 실행이 쉽다. 그런데도 게임 엔진이나 쌍방향 기반의 활동에 기어 VR을 사용하는 것을 추천하지는 않는다. 모바일에서만 실행 가능하기 때문에 프로그램이 정말 최적화됐고 비교적 간단하지 않은 이상 고품질의 쌍방향 그래픽과 게임플레이를 디스플레이 할 수 있는 마력(馬力)이 없기 때문이다.

구글 데이드림 뷰(Google Daydream View)

오큘러스 모바일 플랫폼과 비슷한 데이드림은 VR 콘텐츠를 위한 구글의 프리미엄 영역으로 근사한 데이드림 뷰 헤드셋(그림 3.3)을 통해 엑세스할 수 있다. 이것은 애그노스틱 기기(작동

시스템에 대한 지식 없이도 기능을 수행할 수 있게끔 하는 기기)로 디자인 됐고 삼성 갤럭시 S8, S8+, 삼성 갤럭시 노트8, 삼성 갤럭시 S9, S9+ 및 LG V30를 포함하여 구글 픽셀 1,2에서 사용 가능하다. 구글 데이드림의 핵심 기능은 천 바탕의 구조와 경량으로 제 작된 점이다. 정말 편안하고 두 번째 출시 때 열방산, 렌즈 및 인체공학이 개선되었다.

단독형 헤드셋

오큘러스 고는 2018년 5월에 출시됐고 컴퓨터나 스마트폰에 서 독립된 완전히 VR 킷에 전념하는 2세대 중 첫 번째 기기다.

그림 3.3 구글 데이드림 뷰 헤드셋 (2017)

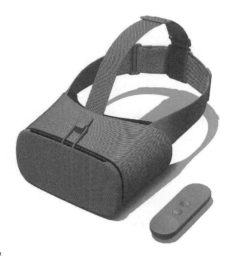

자료 구글 제공

그림 3.4 오큘러스 고, 단독형 VR 헤드셋

자료 오큘러스 제공 (2018)

HTC의 바이브 포커스는 매우 설득력 있는 옵션이다. 무엇
보다 바이브 포커스는 6 자유도가 가능해서 콘텐츠 주변을 걸
어 다닐 수 있다.

오큘러스 고(Oculus Go)

오큘러스 고(그림 3.4)는 아마도 오리지널 오큘러스가 2011년
킥스타터를 발표한 이래 VR 시장에 가장 큰 충격이 될 것으로
보인다. 고는 약 200달러에 판매될 예정이며, 모바일이나 컴퓨
터는 물론 헤드셋 같은 주변장치도 필요 없다. 따라서 큰 인기
를 얻으며 목표로 하는 가망성 있는 소비시장, 즉 집에서 하는
VR로 가는 초석이 될 것으로 예상한다. 소프트웨어 관점에서
기어 VR과 같은 체계로 운영되기 때문에 처음부터 동일한 앱
과 프로그램으로 출시되며 순조로운 출발을 예고하고 있다.

PC VR 헤드셋

프리이엄 VR 헤드셋으로도 알려진 PC와 VR 헤드셋이 같이 있는 것으로 VR로 가능한 궁극적인 품질이다. 고해상도 그래픽과 저지연, 및 위치 추적이 가능한 완전 쌍방향 VR을 이용해 6자유도로 콘텐츠를 가로질러 걸어 다닐 수 있다. 최고급의 헤드셋으로 VR을 경험할 수 있는데 다른 모든 수준과는 비교가 안 된다. 360도 영상 역시 PC 헤드셋으로 3D로 상영되는 고해상도 콘텐츠를 최고 품질로 감상할 수 있다. 2018년을 기점으로 최근의 여러 최고급 헤드셋을 소개할 텐데 구매 가능한 헤드셋의 수가 어마어마하다. 그렇기 때문에 완전 목록은 아니지만, 더 핵심적이며 저가격에서 시작해서 상위 제품으로 올라가겠다.

윈도 '혼합 현실' 헤드셋

저가격대로는 윈도 '혼합 현실' 헤드셋이 있다(그림 3.5). 이 헤드셋은 모두 신 VR 플랫폼 용 마이크로소프트 사양에 맞춰 제작되었다. '혼합 현실'로 불리는 이 헤드셋은 실제로는 그냥 가상현실이다. 각 헤드셋은 한 쌍의 센서가 전면에 있어서 3D 위치를 감지할 수 있다. 가격대는 350달러에서 500달러까지 다양하며 다른 모든 프리미엄 헤드셋과 마찬가지로 PC에 연결해야 한다. PC는 프로세서와 GPU가 이 매체의 성능 요건을 처리할 수 있는 고사양 제품이어야 한다. 비주얼라이즈에서는 항상 오큘러스 리프트, 삼성 기어 VR과 HTC 바이브를 사용했다. 입수 가능한 유일한 헤드셋이었기 때문이다. 따라서 개인적으로 이 헤드셋들을 시험 테스트한 것은 아니다. 그러나 이 제품들이 완전한 추적 기능과 쉬운 설치는 큰 장점이다. 덧붙이면 작업하기가 매우 쉽고 설치가 빠르며 튼튼하다.

윈도 혼합 현실 헤드셋은 '완전한 트래킹'이 가능하다. 이것은 헤드셋이 외부의 추적 센서 없이 방안에서 헤드셋의 위치를 감지하는 기능이다. 오큘러스 리프트와 HTC 바이브 모두 방안에 센서를 설치하고 교정을 해야 하는데, 이것이 어렵고 한시가 중요할 때는 압박이 된다. 마이크로소프트 헤드셋은 이점에서 큰 장점이고 미래에는 모든 헤드셋이 이렇게 되어야 할 것이다.

그림 3.5 아수스 윈도 '혼합 현실' 헤드셋과 컨트롤러

자료 아수스 제공 (2018)

오큘러스 리프트(Oculus Rift)

이 업계는 VR 물결의 시조인 오큘러스에 감사해야 한다. 선견지명을 갖고 있으나 논란도 많은 오큘러스의 창업자 파머 럭키(Palmer Luckey)는 2012년 1000%가 넘는 펀딩에 도달하며 킥스타터(Kickstarter, 크라우드 펀딩 플랫폼) 프로젝트를 출시했다. 오큘러스는 일련의 개발자 킷을 거쳐 뛰어난 VR 헤드셋 제작법을 배우는 데 5년이 소요되었다. 최초의 킷은 DK1(Development Kit 1)으로 DK2로 이어진 소비자용 CV1을 출시했다. CV1은 오큘러스의 '터치' 컨트롤러와 함께 제공되며 자연스럽고 직관적으로 주위의 세상과 교류하게 해준다(그림 3.6, 3.7 참조).

그림 3.6 오큘러스 리프트 헤드셋 상위 3/4의 모습

자료 오큘러스 제공 (2018)

그림 3.7 오큘러스 리프트 '터치' 컨트롤러

자료 오큘러스 제공 (2018)

399달러에 판매되는 오큘러스 리프트는 구매하기에 매우 적절한 가격으로 매우 편하고 우수한 해상도와 고품질의 제품 이다. 비주얼라이즈에서는 날마다 사용했는데 오랜 시간의 사 용에도 튼튼한 내구성에 깊은 인상을 받은 바 있다. 활동 면에 서 리프트는 내장 헤드폰이 있어서 선 엉킴이 적고 사용하기 에 훨씬 편하다. 방 규모의 추적을 하려면 센서 설치가 필요한 데 조금 까다롭기 때문에 짜증이 날 수도 있다.

HTC 바이브(HTC Vive)

바이브는 매우 인상적인 헤드셋이다. 599달러에 판매되는 PC 헤드셋 중 가장 프리미엄형이고 6 자유도가 가능한 최초 의 헤드셋이다(방 전면 규모 VR). 화면, 렌즈, 제품 품질이 우수한 바이브는 양손 컨트롤러와 함께 구매할 수 있는데, 크기가 크지만 매우 직관적이어서 콘텐츠에 몰입하기 시작하면서 사라진다.

그림 3.8 HTC 바이브 프로

자료 HTC 바이브 제공 (2018)

그림 3.9 HTC 바이브 프로 측면

자료 HTC 바이브 제공 (2018)

그림 3.10 HTC 바이브 트랙커

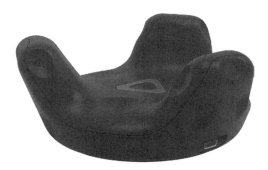

자료 HTC 바이브 제공 (2018)

    HTC는 일찍이 스트림(Steam)과 제휴하며 이 수익성 좋은 게임 플랫폼의 이면에 판로를 구축했다. 오큘러스 리트프보다 비싼데도 불구하고 바이브는 판매 경쟁에서 우위를 차지하고 있다(표 3.2). 이것은 스트림과의 제휴 및 방 규모 VR의 선발자 이익과 우수한 제품 품질, 제품 후기가 모두 동등하게 작용한 덕분이다. HTC는 최근에 바이브 프로를 발표했다. 이 놀라운 헤드셋은 내장 헤드폰이 있어서 무선 어답터의 옵션(컴퓨터 연결선에서 자유롭게 함)과 더 높은 고해상도 디스플레이를 제공한다. 헤드셋 전면의 카메라(그림 3.8)는 '보호자(Chaperone)' 시스템을 통해 헤드셋을 투시하여 방을 들여다볼 수 있게 한다(그림 3.9).

    프로의 판매가는 의심의 여지 없이 높겠지만 가격은 아직 발표되지 않았다. 많은 이들이 프로를 탐내며 개별적으로 사용하고 싶어할 것이 뻔하다. 돈이 방해가 안 된다면 HTC는 전문가 사용에 최고의 헤드셋이라는 명성을 유지하게 될 것이 분명하다. 바이브의 또 다른 고유하고 멋진 기능은 '트렉커' 제작이다(그림 3.10). 야구 방망이나 크리켓 방망이 같은 스포츠 도구나 신체 일부에 붙이면 쌍방향 세계에서 추적을 당하게 된다. 이런 물품에 트렉커를 붙이는 것은 쌍방향 세계에 노출이 된다는 뜻이다.

피맥스 8K

그렇다, 8K다! 최초 사용자의 VR에 대한 가장 큰 저항은 픽셀이 분명히 보인다는 점이다. 피맥스는 8K 헤드셋과 함께 크게 앞서게 됐다(그림 3.11). 그런데 조금 조사해 보면 이것은 실은 한쪽 눈 당 4k다. 좀 더 깊이 들어가면 한쪽 당 3,480픽셀이다. 그렇다 해도 2,160 픽셀인 현재 오큘러스 리프트에 비하면 매우 인상적인 큰 도약이라고 할 수 있다. 피맥스는 또 시야가 매우 넓어서 콘텐츠의 오른쪽 및 왼쪽 시야의 검은 테두리가 안 보인다. 그러나 이 200도 시야는 픽셀이 더 많은 공간까지 퍼져 있어서 고해상도의 효과를 감소시킨다. 더 개선될 예정이긴 하지만 아직 충분하지는 않다.

더 많은 픽셀은 더 많은 전력을 필요로 하고 최고의 성능을

그림 3.10 HTC 바이브 트랙커

Pimax 8K

从 未 如 此 清 晰

자료 HTC 바이브 제공 (2018)

위해 매우 강력한 워크스테이션 PC가 요구된다. 피맥스 8K는 킥스타터 프로젝트로 시작했고 킥스타터 프로젝트가 보통 그렇듯이 제작에 상당한 지연이 있었다. 2018년 하반기에는 소비자와 마케팅 담당자의 손에 들어오기를 희망한다.

가상현실의 종류

여러 종류의 VR 헤드셋 설명을 마친 지금 이제는 VR의 종류와 선택방법에 대해 더 많이 알았을 것이다. 이 책의 앞 단계에서 언급했듯이 VR은 크게 두 분야로 나뉜다. 쌍방향과 비쌍방향이다. 이것은 그 자체로 매우 광범위한 용어다. 하나하나씩 깊게 살펴보기로 하자.

쌍방향 VR

쌍방향 VR은 단지 주위를 둘러보는 것 이상을 가능하게 하는 경험으로 다양한 종류의 경험과 쌍방향을 할 수 있다. 한쪽 끝에는 사용자가 제품 주위를 걸으며 쌍방향으로 교류하는 HTC 바이브의 '방 규모'의 경험이 있다. 제트 엔진이 눈앞에서 공중에 멈춰 있는 것을 상상해 보라. 그 주위를 걸으며 여러 부품(표시되어 있는)을 잡고 잡아당기거나 하며 내부에서 일어나는 일을 알아볼 수 있다. 아마 누를 수 있는 버튼이 있어서 전체 엔진이 바깥으로 터지며 모든 부품들이 주위에서 떠다닐 것이다. 혹은 조절판 레버를 잡아당겨 눈앞에서 불꽃을 내뿜으며 박진감 넘치는 굉음을 낼 수도 있다. 한편 쌍방향은 매우 간단할 수 있다. 밴드의 콘서트장까지 따라가는 360도 영상을 상상해 보자. 무대로 가기 전에 먼저 질문을 받는다. 가수나 드러머, 기타리스트가 되고 싶나? 그러고 나서 선택한 관점에 따라 영상이 실행된다. 위의 두 예 모두 쌍방향이지만 그 정도가 매우 다양하다. 필요한 쌍방향의 수준은 판매하려는 제품이나 서비스 및 능력, 예산에 의해 결정될 것이다. 그러나 대다수의 쌍방향 작업은 대부분 컴퓨터 게임으로 게임 엔진이나 실시간 엔진으로 경험을 제작한다. 일반적인 VR용 실시간 엔진은 유니티와 언리얼이다. 이 강력한 체계는 상상할 수 있는 모든 가상 환경을 만들 수 있도록 한다. 쌍방향 경로로 가려 한다면 최고의 그래픽과 시각적 충실도는 큰 프로세서 전원이 필요하다는 것을 명심해야 한다. 그러니 만일 위에 언급한 엔진과 같은 제품(시각적으로 압도적으로 보여야 하는 것)을 갖고 있다면 이제 현명하게 체계를 선택해야 한다. 이것은 보통 오큘러스 리프트나 HTC 바이브를 선택함을 의미한다. 박람회 등에서 놀랄 정도로 인상적이고 사람을 깜짝 놀라게 할 것을 갖게 될 것이다. 그래도 시선을 끌 방법에 대해 생각하는 것이 중요하다. 프리미엄 헤드셋 너머에 있는 사람들의 시선을 어떻게 끌 것인가?

쌍방향 VR을 이용해 공격하는 데에는 몇 가지의 방법이 있다. 구글 카드보드 헤드셋용으로는 6 자유도가 없고 쌍방향성이 덜한 간소화된 경험 버전을 만들 수 있다. 이런 식으로 수백 개 혹은 수천 개의 맞춤 제작 구글 카드보드 헤드셋을 주문해서 잠재 고객에게 보내거나 무료로 배포할 수 있다. 평범한 부차적인 방법이긴 하나 많은 사람에게 콘텐츠를 전달할 수 있다. 또 다른 방법은 360도 영상으로 생생한 경험을 만드는 콘텐츠로 고객의 시선을 끄는 것이다. 콘텐츠와 자신들을 둘러볼 수 있지만 실제로 무엇을 클릭하거나 쌍방향을 하는 것은 아니다. 완전한 쌍방향 버전으로 길게 지속하는 것이 최고이지만 이것이 시험판이 될 수 있고 사람들이 가상 활동에 참여하게 장려하거나 그저 헤드셋이 없어도 이 혁신적인 프로젝트를 구경하게 할 수도 있다(360도 영상은 온라인에서 페이스북이나 유튜브를 통해 헤드셋 없이도 시청할 수 있다). 쌍방향 VR 제품 라인의 고급품에는 인더스트리얼 라이트 앤드 매직(Industrial Light and Magic)의 'X랩(X Lab)'을 통해서 〈스타워즈〉와의 최근 협업한 '더 보이드' 같은 경험이 있다. 참으로 기술적으로 놀라운 이 경험은 〈스타워즈〉를 위한 마케팅이지만 이것을 해본 많은 고객의 눈에는 살아 있는 판타지였다. 이 경험을 시작하면 인터랙티브 조끼를 갖춰 입고 내장 헤드폰이 있는 맞춤 헤드셋과 모자를 쓰게 된다. 모자를 쓰기 전 실제 팀원을 만난 후 〈스타워즈〉 우주의 마법 세계로 인도된다. VR에서 다른 참가자들은 강력한 기병으로 진짜같이 보이며 그들이 보는 방향과 행동을 볼 수 있고 대화도 가능하다. 팀과 함께 제국으로부터 비밀의 가상 실체를 구해야 한다. 우주선을 통과하여 걸으면 용암이 움직이는 플랫폼 위로 흐른다. 문을 열거나 문제 해결을 하기 위해서는 진짜 버튼을 눌러야 한다. 총을 집어 들며 상상할 수 있는 엄청난 총격전을 시작한다. 놀랍도록 재밌는 경험이다. 저자는 30달러로 훨씬 기분이 밝아진 채 런던의 웨스트필드를 떠나갔다. 뒤를 돌아보니 많은 사람들이 역시 행복해 하고 있었다. 이것은 모든 마케팅 프로젝트의 꿈이며 또

한 활동 자체로 수익이 된다. 그러나 거의 가능성이 없는 일이다. '더 보이드' 같은 경험을 제작하는 것은 실제 제작부터 장소 대여까지 엄청난 일이며 게임 개발이나 연구 개발 측면에서도 그렇다. 그럼에도 불구하고 경험이 VR을 위한 미래의 잠재성을 보인 것은 사실이다. VR은 믿기 어려운 다른 세계에서 세상의 모든 친구와 협업이나 게임을 하고 수동적인 관람객이 아닌 영화의 일부가 되는 경험을 가능하게 한다. 쌍방향은 큰 성공이 될 것이며 바로 더 보이드가 보여준 것을 훨씬 넘은 또 다른 수준의 현실도피가 될 것이다. 그러나 전 세계적인 규모가 되기 위해서는 가능한 한 많은 가정에 최첨단 헤드셋과 컴퓨터, 햅틱이 있어야 할 것이다. 그동안 기술을 사람에게 전하고 상점과 역 혹은 사람들이 빈번히 방문하는 곳들에 설치하거나 콘텐츠 관련된 이벤트를 만들고 언론, 업계 및 인플루언서들을 초청하는 것이다.

360도 영상

VR 영화로도 알려진 360도 영상은 매우 다재다능한 매체로 쌍방향 VR과는 매우 다르다. 일반적인 영상이나 영화같이 감상하는 것으로 쌍방향 VR에 비해 훨씬 수동적이다. 360도 영상은 마케팅용으로 놀랄 만큼 인기가 많은데 그 이유는 다음과 같다. ①제품에 비해 비용 효율적이다 ②헤드셋이 있는 사람들에게 통할 수 있다(데스크톱이나 스마트폰으로도 가능) ③플랫폼에 구속받지 않는다(쌍방향 VR은 특정한 플랫폼에서 특정한 앱으로 제작됨). 수동적이지만 360도 영상을 헤드셋으로 보면 일반적인 16×9 형식 영화로 볼 때보다 훨씬 다른 많은 기능들이 있다. 가장 중요한 차이는 경험의 신체적 느낌이다. 보이는 것에 몸과 마음이 속아 넘어가며 콘텐츠와 여러 관계가 생성된다. 가령 도시 위에서 드론에 매달려 찍은 장면에는 현기증이 나거나 사람들을 지나치게 근접 촬영한 것은 뒤로 물러나고 싶어진다. 이것은 사람들이 카메라가 시청자인 콘텐츠와의 일대일 관계를 맺기 때문으로 매체를 매우 강력하게 만든다(속이는 능력도 훌륭하다!). 또 다른 흥미로운 기능은 4의 벽 깨기, 즉 배우가 말을 거는 것이다. 이것은 다음과 같은 질문을 던지게 한다. 나는 누구인가? 필수적 장면에 일부가 되는가 아니면 벽에 붙어 있는 파리인가? 앞서 언급한 대로 오큘러스 스토리 스튜디오는 환경에 영향을 미치지 않으면서 그 일부가 되는 '스웨이지 효과'라는 어려운 문제를 불러일으켰다. 사용자의 자아감을 가지고 게임할 수 있는 능력은 VR 마케팅 담당자에게 있어 강력한 도구다. 이것은 거대한 가능한 독특한 경험의 집합체로 이끌며 모든 고객이 사랑하는 '세계 최초의 것'이다. 물론 360도 영상은 고해상도 헤드셋에서 최고로 잘 보인다. 현재는 콘텐츠의 촬영 시 해상도가 재생할 때보다 좋으므로 최고의 화질로 보려면 오큘러스 리프트나 HTC 바이브, 혹은 구할 수 있다면 피맥스 8K로 보는 것이 좋다. 그다음으로 좋은 것은 삼성 기어 VR이나 구글 데이드림 뷰다. 이 모든 제품은 경험 설정이나 박람회 등에서 훌륭하게 실행될 것이다. 비주얼라이즈가 유닛9와 윔블던에서 촬영한 영상 일부와 함께 부가적인 자극을 더 할 수도 있다. 영상에서는 하늘을 날며 윔블던을 위에서 아래로 볼 수 있다. 윔블던의 많은 팬들과 함께 하늘을 날고 있다는 느낌이 훨씬 더해질 것이다. 경험 외에 우리는 이코노미스트 VR(구글 카드보드, 데이드림 및 오큘러스) 같은 공공 VR 플랫폼에 영상 일부를 출시했고 오큘러스 모바일로 진행한 페이스북, 반 고흐 미술관과 함께 작업하기도 했다. 프리미엄 헤드셋 모델들을 선택하기 전까지 구글 카드보드 영상의 2차적 출시를 선호해서 이 단계는 건너뛰기도 한다. 즉 iOS와 안드로이드 전용앱을 사용하거나 유튜브에 바로 올릴 수도 있다.

소셜 가상현실 마케팅 실행

VR 사용에 있어 가장 큰 장애는 VR이 소셜과 가깝지 않다는 인식이다. 소비자들은 헤드셋으로 홀로 경험을 하고 그 경험을 쉽게 공유할 수 없다. 이제 VR을 소셜 미디어로 공유할 수 있는 방법이 많다는 것을 들으면 기분이 좋아질 것이다. 페이스북이 오큘러스를 20억 달러에 인수하지 않았는가? 이번에는 경험 시 VR을 소셜 활동으로 만드는 법과 VR 앱과 360도 영상의 다운로드에 대해 알아본다.

신체적 활동

상점이나 공공장소에서 신체적 활동으로 고객에게 통하고 자 한다면 공유 가능하며 공유를 장려하는 체계를 만들 필요 가 있다. 활동의 가장 간단한 형태인 헤드셋은 경험 후 종료된 다. 개인은 멋진 시간을 보냈을 수 있지만, 그 경험을 공유할 수 있는 유일한 법은 소셜 플랫폼에 이야기하거나 다른 이들 이 직접 경험하는 것뿐이다. 사람들이 쉽게 경험을 공유할 기 계 장치가 필요한 것이다. 재미있게도 이것이 실현된 것을 저 자가 목격한 것은 처음 해본 뉴욕의 매리어트 호텔에서 한 VR 경험에서였다. 프레임스토어가 제작한 매우 야심 찬 경험으로 3D 360도 영상을 CG와 결합하여 고객들을 특별히 제작한 경 험 부스에 들어가게 한다. 바닥을 덜거덕거리고 바다 안개를 불어 넣는 등 방법이 매우 다양했다. 사람들이 줄을 서서 차례 를 기다리는 동안 그들은 아이패드에 이름과 이메일, 주소 등 을 기재했다. 이것이 경험하는 약정이었다. 그러고 나서 홍보 대사가 고객이 부스에 들어가서 슈트를 입게 하고 경험을 하 는 것이다. 경험 동안 컴퓨터는 사용자가 어디를 보는지 로그 를 기록하고 그들의 경험 영상을 16×9 형식으로 저장했다. 이 영상은 기재한 이메일 주소로 발송되어 공유 영상을 받을 수 있게 했다. 단지 해당 고객의 경험뿐 아니라 360도 영상의 전체 경험 링크도 공유되었다. 더 좋은 점은 이것이 이미 페이스북이나 유튜브 같은 소셜 미디어 플랫폼에 올려져 있다는 것이다. 이 개념은 더 극단적으로 확장될 수 있다. 초록색 화면을 사용하여 사람들에게 가상 환경에 몰입한 그들의 영상을 보낼 수도 있다. 엔가젯(Engaget)의 맷 스미스의 영상을 보면 초록 화면에 둘러싸여 그가 보는 세계가 헤드셋으로 몰입된다. 특히 높은 두 개 건물 사이에 판자를 놓고 걷는다든가 하는 VR의 쌍방향적인 게임과 곡예 같은 매우 오락적이고 공유적인 영상도 볼 수 있다.

마케팅 경험이 아닌 예능에서 수익이 나는 것은 논란의 여지가 있는데, 더 보이드(〈스타워즈〉 경험)는 VR이 얼마나 소셜적일 수 있는지를 보여준다. 〈스타워즈〉 우주에서 자신과 같이 있는 다른 사람들과 라이브로 게임을 한다. 모두가 특공부대원 같은 모습이지만 서로 대화하고 사격을 하며 돕는 등 뭐든지 할 수 있다. 게임 중이라는 것을 순식간에 잊고 진짜 세계처럼 반응하는 것은 정말 놀랍다. 좀 더 최근에 성공한 소셜 VR 마케팅은 재규어가 출시한 아이페이스(2장의 로스 휠러와의 대담 참조)다. 아 경험에서 재규어에서 나온 사회자는 차를 온 세상의 기자들에게 라이브로 발표하기 위해 VR 환경으로 스트림을 했다. 이 어마어마하게 야심 찬 프로젝트는 사람들이 서로 회자하고 질문하며 환경과 교류할 수 있도록 했다.

소셜 VR 경험

신체적 활동 외에 스트림 VR이나 오큘러스 같은 VR 플랫폼에 브랜드가 앱을 출시했다면 어떨까? 이것들이 소셜적일수 있는 옵션이 있다. v타임(vTime)이나 비소 플레이시즈(Viso Places), 페이스북 같은 많은 소셜 플랫폼들이 있음에도 불구하고 현재 일어나는 많은 문제들은 경험을 정당화할 수 있을 만큼 충분히 큰 커뮤니티의 사용자 수와 관련되어 있다. 더 많은 소셜 경험을 방해하는 사용자 수의 문제는 단지 일시적일 뿐인데, VR 헤드셋을 가진 사람들의 수가 증가하므로 소셜 VR 마케팅 경험을 위한 애플리케이션도 그렇게 증가하게 될 것이기 때문이다.

물론 그동안 공유 음악 콘서트나 라이브 스포츠 게임 같은 것으로 브랜드가 소셜 VR 경험에 관여할 수 있는 방법들이 있다. 모바일의 가장 간단한 소셜 VR 경험은 헤드셋의 '게이즈' 기술(선택하기 위해 보는 것)을 사용하여 사용자들이 채팅방 주위를 순간이동하는 것이다. 그들은 아바타로서 다른 사용자들을 볼 수 있고 접근해서 대화도 할 수 있다. 브랜드가 참여할 수 있는 가장 간단한 법으로 사람들이 대화하는 360도 영역을 브랜드화하면서 시작할 수 있다. 그러고 나서 가상세계로 라이브 이벤트를 옮겨 사람들이 참여하며 교류할 수 있게 한다. 이런 이벤트는 스티븐 스필버그가 어네스트 클라인과 영화 〈레디 플레이어 원(Ready Player One)〉(VR에 관한 영화로 강력히 추천한다)의 이동식 주택의 3D 모델에 관해 대화하는 것 같은 유명인과의 대담이 될 수도 있다.

모든 VR 헤드셋에는 마이크와 스피커가 있어서 친목이 가능한 최소한의 기능이 있다. 기기가 스마트폰으로 가동되는 구글 카드보드와 삼성 기어 VR 같은 모바일 기반의 헤드셋은 가장 제대로 된 소셜 기술이다. 따라서 VR의 소셜 마케팅 성공을 위한 명안만 있으면 바로 실현될 것이다.

소셜 플랫폼의 VR

그렇다면 어떻게 VR을 기존의 소셜 플랫폼에서 사용할 수 있는가? 실은 매우 단도직입적인 방법이 있다. 바로 360도 영상이다. 유튜브와 페이스북은 360도 영상을 현재 지원하고 있어서 전문가와 일반인 모두 몰입 콘텐츠를 올릴 수 있다. 좀 더 최근에는 360도 콘텐츠의 라이브 스트림도 가능해졌다(뒤에서 설명). 360도 영상을 소셜 플랫폼에서 허용함으로써 갑자기 헤드셋 없는 VR의 세계가 모두에게 열리게 되었다. 이것은 세계적으로 VR의 진화와 활용에 있어 가장 중요한 순간이다. 무어보다도 브랜드는 VR로 마케팅 자료를 쓸 수 있고 (360도 영상) 수백만 명의 사람들 및 헤드셋이 있는 그 밖의 사람들에게 전달할 수 있다.

어떤 접근법을 사용할 것인가?

선택이 필요한 VR의 종류는 판매할 제품과 판촉활동을 어디에서 사용할지와 창출해야 할 효과, 사용 가능한 예산에 달려 있다. 2장으로 되돌아가 대형의 프리미엄 승용차 브랜드가 문제 해결을 위해 어떻게 VR을 사용했는지 로스 휠러와의 인터뷰를 떠올려 보자. ①오직 하나의 실질적 시제품이 있다. ②경쟁자들을 물리치고 관련 기사가 많이 나길 바랐다. ③차세대 기술의 콘셉트에 맞게 차가 소개되길 바랐다.

위의 내용은 아우디가 시험주행에 있는 독일의 새로운 TTRS 영화를 우리에게 의뢰했을 때와 딴 판이다. 그때도 시제품은 한 개밖에 없었다(운전석이 오른쪽에 있는). 아우디의 요구는 사람들에게 실용적으로 차를 소개하고 디자인의 원칙을 이해하면서 스피드를 경험하게 하는 것이었다.

쌍방향으로 이것이 가능할 수 있지만, 상당히 많은 비용이 들며, 매력 만점의 위르겐 뢰플러(Jürgen Löffler)도 볼 수 없을 것이다! 경험의 롱테일(long tail, 주목받지 못하는 다수가 핵심적인 소수보다 더 큰 가치를 창출하는 현상)도 중요하다. 완성된 VR이 재사용될 수 있을까? 쇼룸에 설치할 경우 비용은 얼마나 되고 직원교육을 위한 어떤 종류의 서비스 계약이 있어야 할까? 아우디의 콘텐츠는 여러 대의 자사 차 제작에 관한 일련의 360도 영상의 일부였다. 그들은 대리점에 레이싱 좌석을 마련하고 사람들이 경험을 선택할 수 있도록 전용 앱을 준비했다. 재규어를 위한 작업을 할 때처럼 완전히 트래킹 가능한 쌍방향 경험을 마련하는 것은 훨씬 어려운 일이었다.

4

가상현실 제작: VR 만드는 법

VR 제작은 360도 영상(VR 영화)와 쌍방향 VR 모두에 걸쳐있다. VR의 두 형식을 위해 사전 제작을 거쳐야 하고 제작 전 기획을 수립해야 한다. 360도 영상에서 제작은 콘텐츠의 실제 캡처를 말한다. 사후 제작(post-production)은 캡처 후 수작업, 편집 및 이야기 창작을 의미한다. 쌍방향 VR에서 제작은 쌍방향 단계 이전의 부분을 만드는 것을 의미한다.

사전 제작

VR 프로젝트나 제작을 시작하기 전에 프로젝트를 만드는 이유와 필요한 성과에 대해 깊이 이해해야 할 필요가 있다. 콘텐츠 제작자(에이전시)와 고객 모두가 프로젝트의 비전을 이해하는 것은 매우 중요하다. 비전을 설명하기 전에 VR 제작 기획 시 정해 둬야 할 사항이 몇 가지 있다.

- 해결해야 할 문제는 무엇인가(이유)?
- 누가 보기를 원하는가?
- 사람들이 무엇을 보고 느끼고 행동하기를 원하는가?
- 사람들이 어떻게 이것을 보길 원하는가?('어떻게'는 현재 VR 의 제약이 되고 있다)

이러한 기저가 설정된 뒤에는 프로젝트가 벤치마크 될 수 있도록 핵심성과지표(KPIs)를 세우는 것이 좋다. 다음 단계는 창작, 스토리보딩 및 대본이다. 이것은 기획과 실행 계획의 실제적인 단계로 이어지거나(360도 영상) 백로그를 준비하고 바로 착수하기(쌍방향 VR)다.

이유: 어떤 문제를 해결해야 하는가?

먼저, 왜 애초에 VR 프로젝트를 하는지 생각해 보자.

우리가 2015년에 완료했던 아우디의 프로젝트를 예로 들어 보겠다. 먼저 우리가 질문하고 싶었던 것은 '사업의 문제가 무엇인지? 혹은 고객이 얻고자 하는 기회가 무엇인지였다. 아우디는 TT계열의 스포티한 TTRS 출시와 관련해 우리에게 왔다. 차는 곧 영국에서 출시 됐지만 쇼룸에서 이용 가능한 제작 버전이 없었다. 그래서 그들은 실제 판매가 시작되기 전에 선판매를 유도하는 방법을 찾고자 했다. 이 사례에서는 분명한 문제가 있고 고객은 VR이 해결책이 되리라는 것을 이미 파악하고 있었다. 차의 가상 버전을 제작함으로써 우리는 고객들이 차를 실제로 만져보기 전에 그 차를 고객 앞에 가져다줄 수 있는 것이다. 이것은 매우 알기 쉬운 것이지만 해결해야 할 문제를 확립하는 것은 프로젝트에 있어서 매우 중요한 '이유'를 부여한다. 이 프로젝트를 하는 사람들이 제작 이면의 이유를 모른다면 계속해서 실수를 저지르고 잘못된 결정을 내릴 것이다. 관련된 모든 사람이 이 프로젝트를 만드는 이유를 이해하는 것은 프로젝트의 가장 중요한 점에 집중하며 고객 만족을 달성함을 의미한다. 또 다른 예를 살펴보자. 우리는 눈 치료제 촉진을 위해 의료업 브랜드와 VR 경험을 개발했다. 이 치료제는 나이에 따른 눈의 변성 감소를 도우며 어떤 경우 시력까지 개선할 수 있는 약품으로 자선단체 관련된 가상 제작을 매우 중요하게 만들었다. 360도 영상 제작으로서 이것은 촬영 장면과 사용하는 카메라, 조명 방법 등에 크게 영향을 주며 앱 제작에 바로 연결되었다. 다음은 그 외 문제가 해결된 몇몇 사례들이다.

비주얼라이즈 — 국경 없는 의사회(MSF) — 강제로 집을 떠난 사람들

문제: 사람들은 전쟁으로 파괴된 지역의 난민이 된다는 것이 어떤지, 고통받는 환자들이 어떻게 현재 그들이 있는 곳에 오게 된 건지에 대해 잘 알지 못한다. 그들은 문제의 심각성과 MSF가 국제적으로 하는 일을 알지 못한다.

해결: VR 영화를 이용하여 의사와 환자들의 이야기를 들려준다. 가망성 있는 기부자들을 난민 캠프로 데려가 환자와 의사 같이 환자들의 집과 병동으로 들어가게 한다. 이것은 MSF의 일에 대한 큰 이해와 공감을 높인다. 궁극적인 목표는 기부다.

이매지네이션과 리와인드 — 재규어 아이페이스 출시

문제: 한대의 시제품 차밖에 없고 재규어는 텔사와 경쟁하는 혁명적인 전기차를 발표하려고 한다. 그들은 기자들에게 가능한 한 가장 강렬한 방식으로 차를 소개하고자 한다.

해결: LA 모터쇼에서 다수의 국가에서 VR로 차의 출시를 알린다. VR을 사용하여 사람들이 이 완전한 전기차의 독창적 디자인과 레이아웃을 탐색하게 한다.

아담&이브, 아웃사이더와 비주얼라이즈 — 웨이트로즈

문제: 웨이트로즈(Waitrose, 영국의 대형마트 체인)는 책임감 있는 유기농 농장을 강조하는 TV 캠페인을 하고 있다. 캠페인은 이 점을 강조하는 농장의 모습을 보여주고 있다. 그러나 어떻게 TV용으로 만들어진 것이 아닌 실제 농장임을 사람들에게 확신시킬 수 있는가?

해결: TV 광고를 같은 시간과 장소에서 360도 영상으로 촬영하며 카메라를 시청자 쪽으로 돌려 그들이 장면을 탐색하고 그 캠페인의 진정성을 이해하도록 한다. 이것은 웨이트로즈

가 매우 진정성 있는 캠페인을 하며 무엇보다도 '직접 살펴보세요'라고 말하는 것이다. 위의 사례들은 매우 구체적인 요구를 나타내고 있다. 그러나 고객이 그저 경쟁사에 맞서 주목받고자 할 때도 있다. 세계 최고라 불리는 모터쇼인 굿우드 페스티벌 오브 스피드(GOODWOOD FESTIVAL OF SPEED)를 예로 들자. 제조업자들은 가장 훌륭한 신차와 시제품을 선보이며 굿우드 힐을 힘겹게 오른다. 그들은 소비자들이 그들의 차에 주목하며 기억할 만한 것을 보여주어 브랜드 충성도를 양성하고 싶어한다. 이런 기회가 왔으나 기업 사례는 뚜렷함이 부족할 때가 바로 사람들을 깜짝 놀라게 할 경험을 제작할 때이다. 이것이 VR에 착수해서 화제를 만들어야 할 이유다.

누가 보기를 원하는가?

고객과 브랜드는 주어진 제품에 대한 구체적인 목표 시장이 있다. 경험 종류의 선택에 대한 정보를 알려줄 수 있기 때문에 그 사람들이 누구인지 빨리 파악하는 것이 중요하다. 예를 들어, 스텔라 매카트니가 제작한 아디다스 같은 스포츠 패션 브랜드용 판촉 VR 영화는 MSF의 난민에 대한 공감과는 완전히 다른 목표 시장을 가질 것이다. '누구'를 목표 시장으로 하는 것은 '어떻게' 그들에게 도달해서 깊은 영향을 미치는 VR을 제작할지 및 제작방식과 복잡하게 연결된다. '누구'는 그저 인구학적인 것이 아닌 직업을 의미한다. 아이페이스 사례를 다시 살펴보자. '누구'는 다음과 같다.

- 자동차 기자
- 기술 전문 기자
- 유명인/인플루언서

이 세 영역은 출시의 최고의 효과 달성 및 차의 판매를 높이기 위해 매우 신중하게 선택해야 한다. 단지 자동차 매체를 위한 프로젝트는 광범위한 기술 전문 매체, 유명인, 인플루언서를 불러모았을 때의 효과는 발생하지 않는다.

사람들이 무엇을 보고 느끼고 하길 원하는가?

이것이 창작자가 필요한 때이다. 이제 문제가 무엇인지, 누구에게 제기해야 할지를 알았으면 사람들이 무엇을 보고 느끼고 하길 원하는지 생각할 수 있다. 고객은 느끼고 행동하는 것에 대해 매우 분명한 생각을 갖고 있기 때문에, 그들과 함께 알아보는 것은 매우 좋은 연습이 된다. '보는 것'과 관련해서 다시 아우디의 TTRS 사례로 돌아가 보자. 그들은 가장 간단한 형태로 사람들이 신 TTRS를 보고 배우며 이상적으로 운전하기를 원했다. 그들은 사람들이 신나게 '느끼고' 놀라며 감명받기를 원했다. 마지막으로 '하기'에 대해서는 그들은 사람들이 차 구매에 흥미를 갖기를 바랐다. 이 시점에서 보통 쉽게 올라

타서 차 운전을 위한 테스트 드라이버를 받아 차 및 외관을 영화에 담는 등을 할 수 있을 것이다. 그러나 사람들을 진짜로 낚아서 브랜드를 깊이 지지하게 하는 좋은 VR 경험은 이야기가 필요하다. 아우디는 디자인을 선택했다. 아우디는 다수의 내부 홍보대사가 있는데 선임 외장 디자이너인 위르겐 뢰플러도 그중 한 명이다. 그는 역대 아우디의 가장 상징적인 차인 TT 리디자인의 중심이었다. 그래서 우리는 뢰플러가 아우디 시험주행에서 디자인 과정을 소개하며 신 TT가 어떻게 해서 이런 모습을 갖게 됐는지, RS의 부가적인 스타일 변경과 함께 차를 소개하는 것을 기획했다. 그리고 그는 TT의 스타일링과 전력 간의 상관성을 설명하며 우리와 드라이브 한다. 경험의 후반부는 뢰플러가 트랙 주위를 빠르게 달리며 모든 사람을 웃음 짓게 하는 매우 열광적인 쇼가 될 것으로 예상했다. 그러나 우리는 이 선임 디자이너가 실은 소심한 운전자라는 것을 몰랐던 것이다! 또 그 차가 시제차라는 것은 혹시라도 흠이 생길까 봐 그를 더 겁먹게 하는 일이었다. 그럼에도 불구하고 경험은 근사했고 사람들은 우리들이 원했던 것보다 느린 속도이긴 하나 차에 대한 멋진 구경을 하고 멋진 느낌을 받았다. '느낌'을 좀 더 깊게 들여다보면 느낌이란 것이 꽤 광범위하다는 것을 알 수 있다. 누군가가 자신의 회사에 대해 더 많이 알게 된 듯이 느끼기를 원하는가, 아니면 알게 된 것에 깜짝 놀라기를 바라는가? 혹은 충격과 놀람을 바라는가? 최근 리메이크한 스티븐 킹의 《그것(IT)》은 영화의 VR 트레일러가 있다. 이것은 마케팅의 멋진 VR 사용이다. 그들은 팬들에게 영하 세계에 참여할 기회를 줘서 실제로 장면 안에 들어가고 악명 높은 광대 페니 와이즈를 보고 공포에 떨게 한다. 이 사례에서 그들이 원한 것은 사람들이 공포를 느끼는 것이었다. 그들은 사람들이 구글 카드보드나 컴퓨터, 스마트폰으로 영화를 보고 크게 비명을 지르길 원했다. 그리고 그들은 사람들이 그런 행동을 하도록 했다. 사람들이 가상을 보고 난 후 여행 상품을 구매하길 바라는가? 사람들이 가상 시험 운전을 한 뒤 실제 차를 구매하기를 원하는가? 친구들에게 방금 본 360도 트레일러에 관해 이야기하길 원하는가? 그들이 경험을 다른 이들과 공유하길 원하는가? 그들이 고객 서비스 직원에게 더 많은 정보에 대해 질문하길 원하는가? 사용자가 무엇을 하길 바라는가? 궁극적으로 모든 VR 캠페인의 '하기' 부분은 KPIs와 긴밀히 연결되며 방금 경험한 것으로 인한 성과가 되어야 한다. 이 단계에서 사람들이 최대한 쉽게 경험을 공유할 수 있게 해야 한다. 신체적 활동이라면 사람들이 나중에 쉽게 공유할 수 있는 어떤 것을 꼭 갖게 한다. 경험에 관한 개별화된 링크나 경험 중 찍은 사진이나 관계없다. 반드시 분명한 실행이 있어야 한다.

어떻게 사람들이 보길 원하는가?

이것은 VR에 있어 주요한 제약이다. 사람들이 어떻게 콘텐츠를 소비하는가? 2017년 영화 잇의 360도 트레일러는 매우 좋은 예다. 저자는 영상을 클릭하고 드래그하면서 비교적 편하게 노트북으로 감상했다. 친구에게는 말하거나 안 했을 수 있다. 그러나 헤드셋으로 감상할 때는 소리 지르지 않고 친구에게 말하지 않기가 힘들었다. VR과 관련하여 다른 플랫폼으로 경험하는 것의 품질의 차이는 강력하다. 이상적 세계에서는 모두가 VR 헤드셋이 있고 보통으로 사용할 수 있을 것이다. 또 멋진 VR 콘텐츠가 우수한 품질 덕에 많이 공유도 될 수 있을 것이다. 그러나 현실은 그렇지 않고 마케팅 담당자로서 어떻게 VR 콘텐츠를 배포할 것인지 매우 해박해야 한다.

〈뉴욕 타임스〉는 이것에 맞선 회사 중의 하나다. 그들은 경쟁자보다 훨씬 앞서 VR의 잠재성을 알아보고 360도 콘텐츠를 제작하기 시작했다. 그들은 시중에 헤드셋이 부족한 것을 알고 2016년 GE와 협력하여 미국 전역에 있는 자사의 모든 인쇄물 구독 신청자들에게 5백만 개의 구글 카드보드 헤드셋을 우편발송 했다. 이것은 현재까지 계속되며 이것은 온라인만 구독 신청한 사람들보다 30만 명이나 많은 수다. 물론 극단적인 사례이기는 하지만 이것은 브랜드가 제작하는 콘텐츠를 어떻게 가장 잘 소개할 수 있는지 알려준다. 좀 더 소규모의 구글 카드보드는 브랜드가 VR을 대중화하여 많은 수의 사람들에게 전달했다. 헤드셋은 접어서 납작하게 포장할 수 있고 상표를 붙이거나 위에 인쇄를 할 수 있고 카드보드나 고무, 플라스틱 등 어떤 재질이든 가능하다. 재규어 아이페이스 사례처럼 방 규모의 추적과 함께 쌍방향으로 보며 대륙 간의 사람들이 현장에서 의사소통하는 것이 경험의 목적이라면 가능한 플랫폼은 현실적으로 HTC나 오큘러스 리프트밖에 없다. VR 캠페인에서는 제한된 최초의 사람들만이 경험의 '프리미엄' 버전을 볼 수 있다. 이것은 회의나 무역 박람회, 열차 역이나 쇼핑몰에서 하는 경험 활동일 것이다. 그런데 이제 유튜브나 페이스북 같은 306도를 올릴 수 있는 온라인 소셜 미디어가 나온 것이다. 또 오프라인에서 VR 헤드셋과 함께 온라인 사용자로 캠페인의 중점을 바꾼 것일 수도 있다. 이것이 우리의 가장 큰 프로젝트 중의 하나인 2016년 포드 무스탕과 함께한 리랑데뷰(Re-Rendezvous)였다. 이것은 놀랍도록 야심에 찬 프로젝트로 1970년대 컬트영화 랑데부의 첫 장면을 재현한 것이다. 첫 장면에서 페라리가 '랑데부'에 맞추기 위해 파리의 거리를 맹렬한 속도로 달리고 파리의 사크레 쾨르 대성당의 계단 꼭대기에서는 연인이 포옹을 하고 있다. 360도로 찍은 이 장면의 아름다움은 언제라도 카메라를 돌리면 무스탕의 전면을 볼 수 있는 점이다. 결정적으로, 애초에 헤드셋이 아닌 온라인 사용자를 위한 것으로 영상은 더욱 역동적인 각도로 촬영한 것으로 원래 영상에 맞춰 따로 가공하지 않았다. 또 만약에 헤드셋 전용이었다면 영상을 똑바로 볼 수 없고 돌려봐야 했을 수도 있다. 차가 코너를 돌 때 시청자가 보는 온 세상이 뒤집히는 위와 같은 장면은 헤드셋으로 보면 불편할 수 있다. 만일 VR 전용으로 이 작업을 했다면 영상을 상당히 안정화하는 한편 창의적인 결과물이 극적으로 변할 정도로 편집했어야만 했을 것이다. 그러므로 사람들이 어떻게 영상을 보길 기대하는지는 무엇을 제작할지 및 어떻게 제작할지에 직접적인 영향을 미친다.

비전

앞의 것들이 확립되면 이제 비전을 설정할 수 있다. 비전은 프로젝트의 성과에 대한 이상적인 관점으로 프로젝트의 결과로 무엇을 달성하고자 하는지에 대한 열망이자 가고자 하는 목표다. 이것은 과정 전반에 걸쳐 결정을 내리는 데 있어 명확한 지침 역할을 한다. 예를 들어보자.

아디다스: 아디다스 명품의 세계로 사람들을 끌어들이고 각 제품 문화의 일부가 되도록 느낄 수 있는 VR 경험을 만들기 위해서다. 사람들은 각 시대의 거리에 있으며 그 당시의 놀라운 순간의 일부가 된 것처럼 느껴야 한다. 궁극적으로 그들이 신발을 구입하고 해당 모델을 선전할 수 있도록 고취해야 한다.

버진 트레인(Virgin Trains) 채용: 아름다운 경관과 함께 버진 프레인의 광대한 철로에 따라 사람들을 수송하는 복합적이고 다양한 회사의 역할을 알린다. 최종적으로 버진 트레인을 좀 더 알리고 '열차 기관사' 외의 역할을 설명하는 채용 지원서가 된다.

프로젝트의 비전은 모든 이해당사자가 공유하고 제작과 관련한 일의 모든 내역은 명시되어야 한다. 또 제작 전반에 걸쳐 마음 한구석에 고려하고 있어야 한다.

제작 현실

앞서 설명한 규칙과 과정은 모두 흑과 백처럼 분명해 보이지만 현실은 물론 회색일 때가 많다. 경쟁사가 VR을 하는 것을 보고 뒤처지지 않기 위해 VR 활동을 하겠다는 회사의 마케팅 담당자 때문에 찾아오는 고객을 만날 수도 있다. 이런 경우 앞서 소개한 엔지니어가 필요할 수도 있지만 그래도 왜, 누구와, 무엇을 어떻게 팀과 공유해야 하는지 설정해야 한다. 그렇지 않으면 시간에 쫓겨 위의 것들을 달성하기 위해 더 빨리 움직여야 할지도 모른다. 기초와 원칙의 중요성을 이해하는 것이 성공하는 프로젝트의 달성에 도움이 될 것이다.

핵심성과지표(KPIs)

KPI(Key performance indicators)는 프로젝트 성공에 대해 일치하는 표식이다. KPI는 프로젝트를 완료했거나 합의한 기간 내에 달성한 것과 비교하여 측정하는 것으로 '어떻게 성공을 측정하는가'란 질문의 답이다. KPI는 일찍 확립하는 것이 좋은데 목표로 하는 최적의 그림이 있다는 것을 앎으로써 프로젝트에 집중하는 데 도움이 될 수 있다. 또 무엇을 제작하고 KPI에 도움이 안 되는 어떤 것을 피해야 할지도 알려준다. VR 프로젝트에서 사용하는 KPI의 예는 다음과 같다.

- VR 앱의 다운로드횟수
- 페이스북이나 유튜브의 360도 영상 시청 횟수
- 소셜 미디어에서 "좋아요"나 공유 횟수
- 지속 시간
- 이탈률
- 휴일 시 판매량(VR 비사용 기준점)
- VR 사용 시 신입 사원 증가(혹은 감소)
- 기사화된 언론의 수(블로그 게시물, 신문 등)
- 판매 증가 수

창작의 전개

훌륭한 감독이라면 돈을 잘 벌 수 있는 일이다. 고객의 신뢰를 얻으며 왜, 누구를, 무엇을 및 어떻게를 이해한 다음 모든 것을 이야기와 경험으로 정제하여 모두를 만족시키는 것은 큰 과제다. 이 단계에서는 창작이 '데크(deck)'를 통해 공유될 수 있다. 즉, 각 이야기들을 위한 포괄적인 생각이 펼쳐지고 무드 보드 및 생각을 설명하는 일화가 이어진다. 데크는 스토리보드 제작 전 고객들과 왕래할 수 있게 해준다. 이 단계에서 창작의 주요 과제는 시간과 예산의 현실과 야심 간의 균형이다. 데크 레이아웃은 아래의 것들을 포함해야 한다.

- 이목을 사로잡는 첫 페이지
- 제작 회사 혹은 대행사 자격 요건
- 프로젝트 비전(앞서 설명했듯이)
- 감독의 접근 방식 — 여기에서 감독은 참조 이미지나 무드 보드에 대한 주요 이야기의 상호작용을 설명할 수 있다.
- 제작 접근법 — 포괄적인 계획과 제작과 관련된 부분
- 제작 진행 상황 — 사전 제작 시 필요한 단계 및 납품까지의 과정 설명
- 기술적 사항 — 카메라 옵션, 360도 오디오 사항, 쌍방향일 경우 앱 설치 옵션(유니티나 언리얼 같은), 납품용 하드웨어

옵션 등
- 적절한 사례 연구
- 세부 연락처

작업명세서(SOW)

포괄적인 창작과 가격에 합의했다면 작업명세서(state of work, SOW)를 작성하고 합의해야 한다. 작업명세서는 작업의 모든 면을 명시하고 모호함을 줄이기 때문에 클라이언트와 콘텐츠 작가가 모두에게 매우 중요하다. 요약하자면 작업명세서는 다음의 것들을 담고 있어야 한다.

- 각 당사자에 대한 실질적 세부내용(사업자등록번호, 주소 등)
- 프로젝트 개시 합의에 관한 서약서(공식적인 이메일이나 승인 전화)
- 프로젝트와 관련된 작업 설명서
- 프로젝트의 비전
- 창작내용에 관한 개관
- 제작 특색에 관한 합의
- 제공하는 서비스
- 납품 품목

- 요금 및 공정표(촬영 날짜 포함)
- 기간(제작 기간)
- 거래조건(콘텐츠 작가)
- 계약 세부내역

작업명세서에 시간을 더 많이 들이고 클라이언트와 콘텐츠 작가 간 합의가 더 많을수록 모든 관련된 내역들에 관한 이해가 더 많아지고 프로젝트의 결과도 매끄러워진다. 우리는 스튜디오에 찾아온 클라이언트와 함께 팀원을 만나고 함께 이야기하며 반나절 동안 함께 작업명세서를 검토하기도 한다. 벤자민 프랭클린은 '준비에 실패하면 실패를 준비하는 것이다'라고 말한 적이 있다. VR에 관한 한 이보다 더 진실일 수 없다.

VR 스토리보드

프로젝트에 서명을 완료하면 이제 스토리보딩의 세부 단계를 시작할 수 있다. 스토리보딩은 실제로는 프로젝트가 50% 완료된 시점에서 시작하나 촬영 시 및 사후 제작 시 시작하는 것이 크게 도움이 된다. 스토리보딩은 또 쌍방향 VR 제작의 매우 유용한 도구로 선형 네러티브와 꼭 관련이 있을 필요는 없다. 좋은 스토리보드는 감독 및 스토리보드 아티스트가 함께 작성할 때 나오는 데 이야기의 핵심과 행동을 설명한다. 이것은 VR 촬영에서 캡처하는 것의 시각적 표상이며 제작 날 발생할 수 있는 어떤 모호함도 줄여준다. 그림 4.1, 4.2, 4.3은 오클

그림 4.1 오클리 프리즘 스토리보드

자료 비주얼라이즈(2015)

그림 4.2 오클리 프리즘 스토리보드

자료 비주얼라이즈(2015)

그림 4.3 오클리 프리즘 스토리보드

자료 비주얼라이즈(2015)

리와 함께한 작업 중 VR 스토리보드에서 추출한 표본 이미지를 보여준다.

사람들은 종종 VR 스토리보드를 넓은 시계와 더 많은 글상자를 사용하여 더 폭넓은 관점에서 만든다. 이것은 보여줄 중요한 장면에 대한 많은 정보가 있을 경우 특히 효과가 좋다. 이점을 제외하면 VR의 스토리보딩은 다른 매체의 것과 별 차이 없다.

VR에서 편안함의 중요성

VR의 중요 용어인 '편안함'은 사람들이 얼마나 경험 동안 편안하게 느끼는지와 관련 있다. VR은 매우 강력하고 강렬한 매체로 잘못 실행할 경우 신체적인 불편함을 느낄 수 있다. 잘못 사용하거나 형편없는 조언을 따른다면 사람들은 해당 브랜드를 멀미와 연관시킬 수도 있다! 왜 이런 일이 발생하는가? 이것은 보는 것과 느끼는 것 사이의 불일치로 인하여 발생한다. 몸은 끊임없이 물리적 환경에 대한 정보를 준다. 일어설 경우, 속귀에 상당한 힘의 가속 및 감속이 가해지는데 이것은 우리가 주위를 볼 때 바뀌는 관점의 세계와 완벽히 일치한다. 자주 제작을 요청받는 장면인 차에서 내릴 때를 생각해 보자. 이 장면을 360도 카메라로 촬영하면 누군가의 관점이 먼저 나타난 후 일어나서 차 밖 인도로 이동한다. 그런 다음 그 장면을 돌아보면 자신의 관점이 바뀐 것을 알 수 있으나 느끼지는 못한다. 이 동작에 자신의 통제감도 느끼지 못할 것이다. 이 조합이 메스꺼움을 유발한다.

 머리를 돌리지 않았지만 보이는 광경이 눈앞에서 회전하는 것을 볼 수 있다. 매끄러운 한 동작으로 차 밖으로 끌어내졌다가 일으켜지면 끔찍한 기분이 든다. 이 차의 예가 실시간의 게임 엔진이라면 효과가 좋았을 것이다. 레버를 당기거나 버튼을 누르면 문이 열리고 실세계에서 그렇듯이 일어서서 나올 수 있었을 것이다. 물론 진짜가 아니라면 있지도 않은 차에서 지탱할 것을 잡으려 하는 모습이겠지만 말이다. 편안함은 또 사용자 머리의 움직임에 얼마나 빨리 헤드셋이 반응하느냐 하는 기술적 측면으로부터도 영향을 받는다. 구글 카드보드 같은 저렴한 헤드셋은 특히 구형 스마트폰을 사용할 경우 보는 것과 머리 움직인 사이에 랙이 걸릴 수 있다. 처음 15초 정도는 괜찮을 수 있으나 오래 사용할수록 불편감이 계속된다. 콘텐츠 실행에 따른 기계나 폰의 저화면 발생률 역시 불편함을 초래한다. VR 마케팅의 가장 큰 과제는 경험의 편안함을 유지하면서 창조적 목표를 달성하는 것이다.

360도 영상 제작

작업명세서와 함께 비전과 스토리보드 모두 준비가 됐다면 사전 제작을 시작할 수 있다. 이일은 촬영지를 찾고 스튜디오와 장치, 시험 촬영을 예약하는 일 등이다. 이 단계에서 360도 영상 프로젝트는 제작자가 촬영지와 장치 및 이것들이 촬영일에 어떻게 영향을 주는가 하는 측면을 유념해야 하는 점에서 일반 촬영과 매우 다르다.

핵심 포인트

계속하기 전에 앞으로 다룰 360도 영상 관련 용어에 대해 아래에서 설명하고자 한다.

스티칭 360도 영상 카메라로 촬영한 영상을 합치는 과정이다. 카메라는 보통 둘에서 여섯 개의 렌즈가 있고 각 렌즈가 영상을 녹화한다. 영상들은 정렬되어 서로 겹쳐진 후 신중하게 함께 합쳐진다. 그리하여 영상 간의 교차점이 보이지 않고 스티치는 매끄러워진다. 이것이 항상 가능한 것은 아니지만 기술이 발전하면서 가능성이 훨씬 더 높아지고 있다.

광흐름(optical flow, 옵티컬 플로) 스티칭 기법은 영상을 한 이음새로 최고의 템플릿으로 잇는 것뿐 아니라 장면의 물체를 일치해서 보이게 하기 위한 조작도 가능하게 해준다. 열 번 중 한번은 매끄러운 스티치가 되나 가끔은 훨씬 나빠지기도 한다. 광흐름은 파운드리(Foundry)의 카라 VR(Cara VR) 같은 최첨단의 비싼 플랫폼에서는 깨끗하게 나오며, SGO의 미스티카(Mistika) 같은 시장의 신규 진입 플랫폼 역시 광흐름 스티칭을 대중화하고 있다.

알고리즘 스티칭(algorithmic stitching) 고글의 점프(Jump) 및 존트 원 같은 카메라는 클라우드에서 스티치하도록 디자인되었다. 즉 구글이나 존트에 콘텐츠를 올리고 얼마 후에 스티치된 영상을 다운로드받는 것이다. 이 스티칭은 많은 수의 카메라와 각 카메라의 구체적인 방향을 일치시키는 가장 성공적인 알고리즘을 기반으로 하고 있다. 이것은 대부분 매우 우수하지만 16개의 카메라 영상으로 작업하는 것은 꽤 번거로운 과정일 수 있다.

3D 360   360도 영상은 '모노' 혹은 3D로 촬영할 수 있다. 3D로 촬영하는 것은 장면의 깊이감을 볼 수 있게 하며 주위의 사물에 손을 뻗어 만질 수 있을 것 같은 느낌을 준다. 이것은 캡처 보다 까다로우며 사후 제작 작업이다.

최고점(Zenith)   구면의 맨 꼭대기로 360도 영상에서 위로 올려볼 때다.

최저점(Nadir)   구면의 바닥으로 360도 영상에서 아래를 볼 때다.

등장방형도법(Equirectangular projection)   이것은 360도 영상의 모양에 대한 이름이다. 일반적인 16×9(대형 화면) 이나 4:3 비율의 일반 영화와 비교하면 정방향 영상은 2×1 비율이다. 이 형식에서는 360도 영상이 매우 찌그러져 보이나 헤드셋이나 온라인 360도 영상 플레이어로 투사하면 찌그러짐은 사라진다.

촬영

촬영 당일에 잘 짜인 스토리보드와 대본이 있다면 제작은 보통 영화 촬영처럼 순조롭게 진행될 것이다. 카메라 보조부터 감독까지 스태프들도 동일하고, 보통의 콜 시트로 제작은 꼼꼼하게 시행된다. 그러나 특징적인 점도 많이 있는데, 전문가 VR 감독, VR 슈퍼바이저, 촬영 특별 감독(DOPs), 전문가 디지털 영상 기술자(DITs), 전문 기술자, 앰비소닉스 혹은 스테레오 오디오 캡처, 360도로 제작된 세트, 세트 리뷰. 배우, 카메라 이동 등으로 각각 다음에서 설명하겠다.

전문가 VR 감독

VR을 감독하는 것은 기술적으로 어렵다. 일반적인 16×9 영화 촬영법과 매우 다르게 장면을 생각해야 한다. 특별한 구성이 있는 것이 아니기 때문에 끊임없이 자신을 카메라 위치에 놓은 다음, 여기에서는 어떤 느낌일까 하고 생각해야 한다. 배우는 카메라를 사람의 머리로 생각해야 한다. 다음은 좋은 VR 감독이라면 이야기의 더 큰 흐름, 사용자들이 어디를 볼 것인지, 감독이 보기를 원하는 구체적인 순간에 사용자가 보도록 어떻게 보장할지, 한 장면이 어떻게 다음 장면으로 자연스럽게 넘어가는지 등을 알아야 한다. 비주얼라이즈에서는 재능 있는 일반 감독들과 작업했는데 그들의 창의력이 보강되도록 기술적 VR 노하우를 전달해서 프로젝트가 목표를 달성하도록 돕곤 했다. 이 역할은 VR 슈퍼바이저라고 불린다.

전문가 DOP

360도 촬영의 조명은 빛이 보이지 말아야 하는 곳을 잘 이해해야 하고 보일 경우 사후 제작 시 어떻게 지워야 할지 알아야 하기 때문에 매우 어렵다. 그러므로 DOP는 장면을 아름답게 비추면서 사후 제작의 예산을 초과하지 않는 최고의 균형을 이해하기 위해 VR 슈퍼바이저 및 VFX 슈퍼바이저와 함께 긴밀히 일해야 한다. 일반 제작에서 사람들이 자주 쓰는 '편집할게요'란 말이 위험할 수 있는 반면, 카메라가 모든 것을 보는 VR은 훨씬 솔깃하다. 그러나 신중할 필요가 있다. VR의 사후작업은 훨씬 긴 법이다.

전문가 DIT와 기술자

VR 촬영 시 데이터와 카메라를 취급하는 것은 일반 카메라와 매우 다르다. 이 할로(Yi Halo)를 예로 들어보자. 이 카메라는 17개의 개별 메모리 카드가 있다. 한 개가 각 카메라 모듈용이다. 이것은 매우 신중하게 꺼내서 구글 점프 소프트웨어와 함께 묶여 일괄처리 돼야 하는데, 이는 시간이 많이 소요되는 힘든 과정이다. VR 카메라에는 많은 별난 점과 문제들이 있다. 5장에서 모든 다른 옵션에 대해 상세하게 다루겠지만 지금은 세트장에 해당 카메라에 대한 경험이 많은 사람이 필요하다고만 말해 두겠다. 그들은 스티칭 라인이 어딘지, 콘텐츠가 없는 중지 영역, 과열되기 전까지 사용 가능한 시간 등 많은 세부 내역들을 알고 있어야 한다.

앰비소닉 혹은 스테레오 오디오 캡처

360도로 영상을 캡처한다면 오디오 역시 360도여야 한다. 이것은 전문 지식과 장치가 필요한 매우 전문적인 분야다. 현재 시장에는 많은 수의 360도 마이크가 나와 있지만 우리는 젠하이저(Sennheiser)의 엠비오(Ambeo)를 항상 선호해 왔고 그 발전 과정 동안 긴밀하게 함께 작업해 오기도 했다.

앰비소닉 마이크가 360도 장면의 현장 분위기를 잡을 수 있으나 여전히 고성능 마이크로 강화하거나 장면의 주요 주제나 부분에 마이크를 놔둬야 한다. 각 트랙은 그런 다음 후반부에 전체 앰비소닉과 스테레오로 짜여 헤드셋이 사용자 머리의 위치를 추적하고 완벽하게 소리가 일치하여 들리게 된다. 최고의 오디오 엔진은 소리의 위치 추적을 위해 볼륨 이상의 것을 사용한다. 그들은 '위상차(phase difference, 位相差)'를 사용하는데, 이는 소리가 한쪽 귀에서 다른 쪽 귀로 이동하는 시간 차이를 의미하는 것으로 실세계에서 소리의 위치를 판단하는 핵심 방법이다. 놀랍게도 오디오는 실제를 흉내 내는 것 및 정확도 면에서 영상보다 훨씬 앞서있다.

360도 세트 제작

드라마나 다큐를 찍을 경우, 카메라가 모든 것을 보기 때문에 완벽한 촬영지를 찾는 것은 상당히 어렵고 팀을 숨기는 것역시 어렵다. 우리가 자주 사용하는 비법은 이 할로 같은 카메라를 천장에 카메라의 윗부분이 아래로 가도록 거꾸로 매다는 것이다. 이것은 모든 조명과 다른 설치들이 카메라가 매달린사각지대에 숨겨지고 똑같은 위치에 있던 것들은 사후작업으로 지워진다는 뜻이다(그림 4.4 참조).

촬영장 검토 및 지휘

촬영장에서 검토와 피드백을 위한 고품질의 VR 카메라 콘텐츠 작업과 스티칭은 시작과정이 꽤 느리다. 그래서 우리는 고객과 감독이 다른 장소에서 두 번째 화면으로 볼 수 있도록 부차적인 라이브 스트리밍 카메라를 준비한다. VR 헤드셋으로도 최종 이미지를 가능한 한 가깝게 볼 수 있다. 이것은 분명히 감독 일을 까다롭게 만들기도 한다. 활동을 직접 보는 것이아니어서 최종 영화의 시각에서 어떻게 보일지 감독은 상상력을 많이 이용해야 한다(그림 4.5).

360도에서 연기하기

VR에서 장면의 컷은 흔하지 않고 장면들이 보통 길며 한 카메라 위치에서 촬영한다. 따라서 배우들은 대사를 기억해 둬

그림 4.4 Don't Panic Agency와 ICRC 프로젝트 중 촬영 장면(거꾸로 매달린 카메라와 위에 조명 설치가 카메라의 사각지대에 숨겨진 것을 주의하라. 또 여기 사용된 Z-Cam S1은 라이브 스트리밍 카메라로 사용되어 감독과 고객이 다른 방에서 라이브로 볼 수 있다)

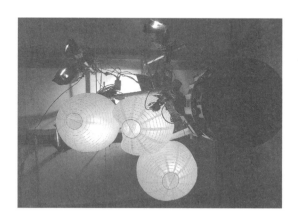

그림 4.5 클라이언트와 스태프들이 라이브 360도 공개 카메라로 현장 뒤에서 지켜보고 있다. 화면에는 중앙에 음악 작업이 보이고 360도 장치는 아래 및 영상 뒤에 있다. 비주얼라이즈가 글로벌 라이도를 위해 촬영함

자료　제임스 매드크레프트(James Medcraft) 제공 (2018)

제4장 가상현실 제작: VR 만드는 법

야 하고 영화 제작보다는 연극 무대에 가깝다. 이것은 리허설에 더 많은 시간이 소요되며 광고나 드라마에 멋있게 나오던 배우도 VR에서는 약간 어색하게 보일 수 있음을 의미한다. 우리는 지난 작업에서 몰입 배우 집단 및 배우들과 결과적으로 큰 성공을 거둔 바 있다.

카메라 이동

VR에서 카메라 이동 시 매체에 대한 올바른 이해 및 시청자의 편안함에 대한 고려가 함께 있어야 한다. VR의 일부 동작은 다른 것들보다 편안할 수 있다. 예를 들면 급커브의 회전은 매우 불편한 반면 직선 주로에서 점증적인 가속이나 감속은 괜찮다. 방향은 보통 옆쪽이 아닌 앞쪽이나 뒤쪽이 돼야 한다. 카메라를 머리에 달았을 때처럼 급하게 위아래로 움직이는 동작은 특히 안 좋다. 그런 경우 우리는 카메라 이동 시 다수의 여러 시스템으로 작업을 한다. 다음은 우리가 자주 사용하는 것들이다.

- 돌리 시스템: 여러 가지 중에 가장 좋은 것이 있는데 바로 모션 임파서블 만티스 360 킷(Motion Impossible, Mantis 360 Kit)(그림 4.6)이다. 이것은 시중의 360도 돌리 중 최고로 전 세계에서 사용되고 있으며 제어능력이 높다. 프로그램까지 가능하고 반복기능이 있으며 자이로 안정화 기능이 뛰어나다.

- 케이블 카메라 시스템: 이쪽에서 다른 쪽 끝으로 카메라가 이동할 수 있는 매우 팽팽한 짚 와이어(zip wire)면 된다. 사람이나 자연적인 요소 및 요철 때문에 돌리가 위험할 수 있거나 불가할 경우 유용하다. 짚은 또 돌리는 결코 건널 수 없는 강을 건넌다든지 하는 등의 다른 장애물 건너기도 가능하다.

- 추적 시스템: 마크 로버츠 모션 컨트롤(Mark Roberts Motion Control) 같은 곳에서 나온 제품은 정확도와 원활성 면에서 최고의 선택이다. 그러나 설치나 작동이 까다롭고 사후 제작 시 VFX로 제거하는 것도 어렵다. 그러나 모든 것을 잘 해내고 적당한 예산이 있다면 결과는 비교 불가하다(에티하드 항공 VR 영화 제작 참조).

- 휴대용 시스템: 움직임 관련한 마지막 옵션은 휴대용 카메라다. 두 가지 선택이 있는데 작은 장비를 위한 자이로 안정화 폴(Gyro-stabilized pole)과 큰 장비를 위한 풀(full) 스테디캠이다. 자이로 안정화 폴은 탄소 섬유의 한 발 지팡이다. 한쪽 끝에는 360도 카메라가, 반대쪽 끝에는 자이로스코프가 있는데 자체의 타성으로 인한 부딪침 등을 보호함으로써 카메라에 평형력과 안정감을 제공한다. 이 설정은 카메라가 작동자 앞에서 멀리 떠다닐 수 있게 하는데 스

그림 4.6　모션 임파시블의 360도 맨티스 킷(고프로 오디세이와 삼성 기어 360
도로 작업)

자료　앤드류 설킨드와 모션 임파시블 제공 (2018)

태디캠과 관련한 장면의 작은 부분을 만든다.

　스테디캠은 몸에 매다는 장치로 작동자가 무거운 장치
를 수월하고 능숙하게 지니고 다닐 수 있게 한다. 가장 큰
문제는 근접 촬영에 있다. 보통 작동자가 보이고 또 매우
가깝게 나온다.

촬영이 성공적이고 필요한 모든 것이 완성되었다면 다음은 사후 제작이다. 그래도 뒤풀이는 한참 뒤에나 가능할 것이다. 갈 길이 아직 많이 남았으니.

사후 제작

VR 영화의 사후 제작은 눈에 띄는 몇 가지 예외를 제외하고 일반 영화 제작과 비슷하다. 즉 스티칭, 안정화 작업, 편집이다.

스티칭

가장 큰 차이는 스티칭이다. 이것은 360도 카메라 내의 각각 분리된 카메라 스트림을 매끄럽게 하나의 360도 영상으로 만드는 작업이다. VR 스티칭에 다수의 전용 소프트웨어가 있고 이들은 지난 2년 동안 놀라운 속도로 진화해 왔다. 다음은 개인적으로 선호하는 상위 4프로그램들이다.

- 오토파노 비디오 프로, 콜러(Autopano Video Pro(AVP), Kolor)
  콜러는 스티칭 세계에서 스스로 입지를 굳힌 최초의 회사다. 그들은 근사한 소프트웨어인 오토파노 기가와 함께 파노라마 스티칭에서부터 시작했다. 2015년 고프로는 VR 카메라 세계로의 진입을 예고하며 콜러를 인수했다. AVP는 가장 많은 기능을 탑재한 소프트웨어이며 또 매우 이해하기 쉽다. 막대한 종류의 옵션이 있고 스티칭을 위한 호환이 가능하며 마스킹과 시간순에 따른 역동적인 안정화를 위한 좋은 도구다. 또 360도 영상으로 16×9 영화 만들기까지 다양한 기능들이 있다. 무엇보다도 AVP로 스티치와 안정화를 한 프로그램으로 할 수 있기 때문에 마감이 빠듯할 경우 AVP로 작업하는 일이 많다.

- 미치카 VR, SGO(Mistika VR, SGO)

SGO는 3D와 사후 제작 소프트웨어를 경력으로 VR 시장에 진입했다. 그들의 소프트웨어는 정말이지 깜짝 놀랄 만한 것으로 저자가 시중에서 본 것 중 최고의 광흐름 스티칭 기능을 보유하고 있다. 그러나 인터페이스는 알기가 어렵고 소프트웨어의 작업용 파일과 폴더 관리 방식이 꽤 짜증스럽다. 그러나 우리는 미치카 VR로 영상에 마법 지팡이를 흔드는 것처럼 교묘한 스티치 작업을 한 적이 많다. 눈에 띄는 스티치 라인과 실수를 없애는 것은 정말 인상적이었다. 또 SGO의 3D 경력으로 예상할 수 있겠지만 3D 360도 영상 제작 기능도 훌륭하다. 스티치에는 스티치로 대응하는 AVP와 비교해서 3D가 더 자연스럽고 스티치도 매끄럽다. 미치카는 최근 많은 기능들에 안정화를 추가했는데 덕분에 다재다능한 유용성이 더욱 개선됐다. 우리는 보통 장면 시작 시 AVP와 미스티카로 같은 콘텐츠를 스티치하고 어떤 것이 최고로 나오는지 본다. 그렇게 나온 것을 나머지 스티치 작업에 사용한다.

• 카라 VR, 파운드리(Cara VR, the Foundry)

프리미엄 가격대이지만 놀라울 정도로 강력한 것이 파운
드리의 카라 VR로서 뉴크 플랫폼과 함께 제휴하여 일한
다. 우리는 매우 어려운 영상이나 모호한 프로젝트 작업
을 할 때 카라를 사용한다. 뉴크로 작업해본 적이 없다면
비용이 비싸고 상황을 파악하는 경로가 긴 편이지만 일단
사용하면 가장 강력한 옵션이 될 것이다.

• 점프 어셈블러(Jump Assembler)

점프 어셈블러는 두 개의 카메라로만 사용 가능한데 고프
로 오디세이와 이 할로(구글 점프 카메라)다. 어셈블러는 클
라우드 기반으로 자신의 컴퓨터에서 구글 점프 소프트웨
어로 바로 올릴 수 있다(이 책을 쓰는 현재 맥만 가능). 3D나 모
노 상관없이 다운로드 가능한 해상도나 스티치용으로 특
정한 영역만 우선적으로 다운로드하는 등 많은 옵션이 있
다. 현재는 '고품질' 스티치 옵션도 있다(아마도 모두 기본값
으로 쓰고 있을 것이다). 우리 경험에 의하면 구글에 일단 올린
후 영상 방식에 따라 6시간이나 48시간 정도 후 다운받을
수 있다. 이 책을 쓰는 시점에는 구글이 무료로 서비스하
고 있지만 곧 바뀌리라 생각된다.

안정화(Stabilization)

일부 안정화는 움직이는 위치에서 360도 영상 장면 촬영에 적용돼야 하고 헬멧 캠 위에서 차, 와이어 캠을 설치하거나 돌리가 있어야 한다. 이것은 주로 편안함을 위한 것으로 흔들리고 비안정적인 장면은 사람들을 꽤 불편하게 만들 수 있다. 안정화는 스티치한 등장방형(Equirectangular, 等長方形) 영상에 적용돼야 한다. AVP와 미스티카 모두 자체 안정화 기능이 있고 별로 마음에 들지 않는다면 앤더슨 테크놀로지의 신스아이즈(SynthEyes, Andersson Technologies)를 사용해 보자.

편집

위에서 언급했듯이 360도 영상은 2×1 비율의 등장방형 투

그림 4.7　360도 영상을 사용한 등장방형도법(등장방형 투사)

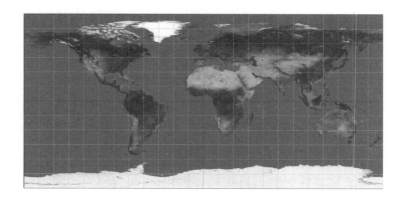

그림 4.8 대륙을 기본으로 한 세계의 투사. 헤드셋으로 보는 영화의 영역을 좀 더 표상하며 더 자연스러운 투사를 보인다.

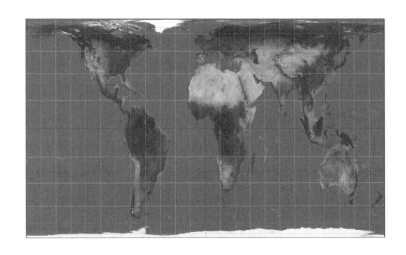

사로 편집한다. 이것은 일반 영화 측면에서는 이해하기 매우 어려운데 전경의 사물들이 압축되어 작아 보이고 천정과 바닥은 비율에서 벗어나기 때문이다. 가장 유명하며 알아보기 쉬운 등장방형 투사는 그림 4.7의 지구본이다. 한편 실제 대륙의 좀 더 현실적인 투사는 그림 4.8과 같다. 어도비의 프리미어 같은 편집 소프트웨어는 VR 도구를 빠른 속도로 소개해 왔다. 이것은 어느 때보다도 360도 편집이 쉬워졌고 등장방형 투사 외부에서 자신의 작업을 검토할 수 있다는 의미다. 지금은 헤드셋으로 편집도 가능하지만, 실제 VR로 할 때의 도구는 아직 조잡한 편이다.

쌍방향 VR 제작

사전 제작

앞서 언급한 대로 라이브 활동 VR과 쌍방향 VR은 공유하는 동일한 항목과 과정이 많다. 가장 중요한 것은 쌍방향 VR은 디자인 문서가 추가돼야 하는 점이다. 이 디자인 문서는 경험이 어떻게 서로 교류하며 어떤 통제가 가능하고 게임사용에 필요한 플랫폼이나 하드웨어가 어떤 것인지 등에 관한 것이다. 이것은 합의를 확인하기 위해 작업명세서에 명시될 수 있으며 제작에 착수하기 전 모든 기능에 대한 승인을 받아야 한다.

제작

쌍방향 VR 제작은 제작자, 디자이너, 아티스트 및 개발자의 참여를 수반하는 일이다. 제작자는 프로젝트 운영에 책임이 있고 내적, 외적으로 각 담당자와 클라이언트 사이의 소통을 확실히 하는 역할을 맡는다. 제작자는 제작이 반드시 디자인 문서와 함께 차례대로 진행되도록 하며 여러 개발자, 아티스트 및 디자이너들이 필요한 자원과 지식을 각 업무에 앞서 지급하도록 보장한다.

애자일 방법론(Agile methodology)

쌍방향 기술 개발을 위한 많은 관리 방식이 있는데, 가장 인기를 얻으며 부상하는 것이 바로 애자일이다. 애자일은 작업 방식이 뛰어나며 쌍방향 프로젝트 개발뿐 아니라 제작의 다른 측면에서도 훌륭하다. 우리는 VR 영화의 일부 대규모 프로젝트에서도 애자일을 사용한 적이 있다. 다음은 애자일 성명이다.

애자일 성명서

우리는 소프트웨어를 개발하고, 다른 사람들의 개발을 도움으로써 소프트웨어 개발을 위한 더 나은 방법을 찾는다. 이 작업을 통해 다음과 같은 가치에 도달한다.

- 과정과 도구를 뛰어넘은 개인과 상호 교류
- 포괄적 문서들을 뛰어넘은 소프트웨어 작업
- 계약 협의를 뛰어넘은 클라이언트와의 협업
- 계획 이행을 뛰어넘은 변화에의 대응

즉 오른쪽에는 항목의 가치가 있는 반면, 우리가 더 가치 있게 여기는 것은 왼쪽의 항목이다.

애자일은 큰 주제지만, 핵심은 VR 회사 비주얼라이즈의 쌍방향 프로젝트에서 애자일을 어떻게 이해하고 사용하느냐에 관한 것이다. 우리는 일주일 동안 일련의 '전력질주' 작업을 했다. 이전 주에 우리가 동의한 일련의 개발 작업을 다루는 것이 목적이었다. 매일 먼저 '일어서기' 프로젝트가 있다. 모두가 각자의 모니터에서 멀리 떨어져 그들의 전력 질주에 대한 진행 사항을 논의하기 위해 원 모양으로 모인다. 이 일어서기는 전력 질주에 방해가 되는 문제를 설정하는 데 매우 중요하고 서로를 도울 수 있는 방식으로 팀원의 소통을 격려한다. 일어서기는 놀랄 정도로 효과적이었다. 두 명이 옆에서 종일 같은 프로젝트를 하면서 일어서기를 하지 않는 이상 서로 간의 잠재적인 방해 요소에 관해 이야기하지는 않을 것이다. 그들은 프로젝트에 너무 깊이 빠져서 나무와 숲을 분간하지 못한다. 일어서기는 모두가 프로젝트를 전체로서 지각하고, 해야 할 업무를 앞서서 생각해 볼 기회를 준다. 애자일의 주요한 원칙은 반복적 개발과 최소기능제품(MVPs, 완전한 제품 출시 전에 최소 실행 가능한 형태로 출시하여 고객들의 반응을 살펴봄)이다. 원칙은 비공개로 일하지 않고 디자인 문서에 따라 수개월의 작업 기간에 제품을 개발하며 최종적인 기대에 부합하지 않는다고 생각되는 것은 클라이언트에게 밝히는 것이다. 매우 초기 단계부터 각 전력 질주의 마지막에 클라이언트에게 진행사항을 알리는 것인데 매주 프로젝트가 반복되고 진화하면서 클라이언트는 결과에 있어 필수적인 일부로 느껴지게 된다. 즉 끝에 가서 뜻밖의 놀라는 일이 발생하지 않고 클라이언트는 아주 만족스러워 할 수 있다.

디자이너

VR 경험의 디자인 원칙은 사전 제작 단계에서 확립된다. 디자이너는 사용자 경험(UX)과 사용자 인터페이스(UI)가 계획대로 전개되는지 확인하기 위해 제작 단계부터 참여한다. VR 작업이 기술의 한계를 추구하는 특성으로 인해 여러 문제나 제약이 발생하기 때문이다. 이 단계에서는 디자인을 재평가할 필요가 있다.

아티스트

아티스트는 애니메이션, 3D 모델, 캐릭터 및 VR 경험의 환경을 만든다. 예를 들어 우리는 3D 아티스트와 함께 반 고흐 박물관과 페이스북을 위해 5개의 해바라기 그림을 보관하는 가상 박물관 제작 작업을 한 적이 있다. 이 그림들은 전에 같은 방에 보관된 적이 없어서 우리는 역사상 최초로 이 그림들을 한 자리에 모으게 되었다. 방 및 그림을 위한 그림틀이 원작과 일치하기 위해 충실하게 3D로 제작되었다. 3D 아티스트는 마야와 3D 스튜디오 맥스 같은 프로그램을 사용하여 디자인 문서의 디자이너들이 설명한 3D 자원을 제작했다. 그다음에는 개발자들이 이 자원을 이용하여 경험을 제작한다.

개발자

개발자는 두 개의 지배적인 게임 엔진 플랫폼인(실시간 엔진으로도 알려진) 언리얼 또는 유니티를 사용한다. 이 두 플랫폼의 장점은 개발자가 복잡한 경험이나 게임을 만들 수 있고 비교적 쉽게 다양한 플랫폼에 연결할 수 있다는 것이다. 예들 들어 오큘러스 리프트용으로 경험을 만들고 몇 주 후면 HTC 바이브에서 작업하도록 만들 수 있는 것이다. 어떤 것이 개발에 더 나은 플랫폼인가를 두고 VR 업계에서는 논쟁이 진행 중인데 양쪽에 장단점이 있고 실제적으로는 모두가 우수하다. 어떤 프로젝트에는 언리얼이 적합하고 다른 프로젝트에는 유니티가 필요할 수 있는 것이다. 대략적으로는 언리얼은 그래픽적 충실도나 실물 같은 조명이 우수하고 유니티는 주문제작 역량이 매우 우수한 것으로 알려졌다. 게임 엔진에서 아티스트의 자원은 프로그래밍되고 조립된다. 이 단계에서 개발자가 장면의 질감을 가볍게 만드는데, 아티스트의 수작업으로 진행되기도 한다. 게임 엔진의 조명은 최고의 장면을 위해 광원(光源)을 놓고 작업하는 현실의 조명 계통을 많이 따른다. 이 기법은 최종 프로그램에서 더 많은 컴퓨터 전원을 소요하여 조명은 가끔 장면에 버닝하는데 이로 인해 장면의 현실감과 역동적 특성이 감소한다.

테스팅

모든 자원이 통합되면 장면들의 질감이 다듬어지고 엔진의 프로그램도 완료되어 테스트와 피드백을 연속적으로 진행하는 단계로 넘어간다. 이 경험은 기기에서 원활하게 작동하도록 최적화할 필요가 있다. 원활함은 장면의 세부내용을 줄임으로써 얻을 수 있다. 게임 엔진 장면은 그물을 만들기 위해 끼워 맞추는 작은 사각형인 다각형으로 제작하는데 충분히 먼 거리에서 떨어져 보면 유기적이고 진짜 같이 보이게 한다. VR 경험의 최적화를 위해 소형이나 덜 성능이 떨어지는 프로세서에서 실행하는 플랫폼에서 매끄럽게 실행되기 위해 일부를 희생하는 일이 있기도 하다. 이것은 특히 구글 카드보드나 삼성 기어 VR 같은 모바일 기반 VR 제작을 할 때 두드러진다.

VR 제작에 관한 결론

VR 제작은 복잡하고 주제가 다양하며 크게 두 종류 즉 VR 영화와 쌍방향 VR을 다룬다. 두 양식 프로젝트의 성공을 위한 신중한 기획 및 관찰이라는 같은 원칙을 따른다. 영화 제작과 게임 개발 업계에는 이전 가능한 많은 기술이 있으나 아직 확립 중인 스토리텔링 및 경험의 탐색 방법에는 중요한 차이가 많다. 규칙들은 아직 정해지고 있으며 이것은 VR을 매우 흥미진진한 공간으로 만든다. 사람들이 신기원을 이룰 수 있는 매체는 매우 적고 VR이 그중의 하나인 것이다.

5

가상현실 카메라: 사용법과 사용 시기

일반 제작과 360도 영상 제작의 중요한 차이는 바로 카메라 자체다. 보통 카메라의 볼은 모든 방향을 찍는다. 이것은 세트와 장면이 완전히 다른 방식으로 처리돼야 함을 의미한다. 일반적으로 스태프들은 모습을 감춰야 하고, 조명은 신중하게 취급되어야 하며, 장면은 단지 '정면'이 아닌 모든 각도에서 작용해야 한다. 360도 촬영 방법에는 '플레이트'라는 것이 있는데 이러한 문제들을 완화하는 것으로 대다수의 촬영이 360도 기능에서 고려돼야 함을 의미한다. 360도 영상을 찍을 때, 먼저 고려해야 할 점은 어떤 카메라를 언제 사용할지 여부다. 완벽한 360도 카메라는 없으며 그 작업에 맞는 카메라가 있을 뿐이다. 어떤 때는 단순한 고프로 기반이 맞고 또 어떤 경우는 레드나 아리(Arri) 같이 복잡한 최첨단 시스템이 적합할 수 있다. 즉 적재적소에 맞게 사용하면 된다. 360도 영상 촬영은 절충의 게임이다. 스티칭이나 역동성 품질과 교환하는 것이다. 이것은 업계의 모든 카메라를 소개하는 고된 일이 아니고(이 책 한 권으로는 부족할 것이다) 비주얼라이즈의 경험을 바탕으로 안내하는 개인적으로 선호하는 카메라들이다.

3D 카메라

먼저, 3D 360도 카메라를 살펴보자. 유념할 점은 데스크톱이나 모바일로 콘텐츠를 보는 것이 아닌 이상 헤드셋과의 차이점만 본다는 것이다. 이것이 별도의 비용을 들여 3D를 촬영하는 것이 과연 필요한지 판단하기 어려운 이유다. 그렇지만 굉장한 몰입적 결과가 있고 VR 헤드셋용 360도 콘텐츠를 제작하는 최고의 방법이기도 하다.

고프로 오디세이(GoPro Odyssey)

'구글 점프' 카메라의 1세대로서 구하기가 정말 어려운데 비주얼라이즈 당시에 겨우 한 대 구할 수 있었다. 그 이후 좀 더 실용적인 건전지로 작업할 수 있도록 수정해 왔는데(거의 차량용 건전지 크기로 나온다) 제니스(맨 위) 카메라 및 원격으로 콘텐츠를 모니터링하는 기능을 첨가했다. 오디세이는 3D가 필요한 카메라 주위에 활동이 많은 장면에서 사용한다. 오디세이는 클라우드에서 알고리즘으로 스티치를 하는데 일반적인 스티치선이 없다는 의미다.

구글의 이야기를 직접 들어보자.

점프 팀은 전문적이고 고품질의 VR 카메라를 만들기 위해 카메라 제조사와 제휴를 맺었다. 이런 카메라로 찍은 화면은 3D 360도 영상 제작을 위해 컴퓨터 시각 알고리즘과 구글 중앙 데이터의 연산력을 사용하는 점프 어셈블러에서 실행된다. 오디세이(Odyssey)는 점프 카메라의 1세대이며, 이 할로(Yi Halo)는 2세대다.

오디세이는 3D 360도 영상의 역동적 장면을 제공하지만 위 카메라와 아래 카메라를 추가해야 한다. 카메라는 상당히 커서 차 내부 같은 작은 공간은 적합하지 않고 특히 위와 아래에 매끄럽게 카메라를 추가하고 싶을 경우에 더욱 그러하다.

또 카메라에 너무 가깝게 다가설 경우, 스티칭 알고리즘이

그림 5.1　고프로 오디세이

자료　고프로 제공 (2017)

무엇이 어디로 가는 건지 알지 못하는 곳에서는 알 수 없는 인공물이 보일 수 있다. 또 촬영의 위와 아래 사각지대에 위치하는 사람들의 경우 그 부분에서 빼낼 수가 없다. 오디세이의 또 다른 문제는 촬영 시 와이어로 고정되어 있을 경우는 괜찮지만 카메라가 움직일 경우에는 알고리즘에 혼란이 온다.

또 점프 어셈블러(Jump Assembler)는 움직이는 물체 주위에 물결 모양의 후광을 두르는 경향이 있는데 특히 배경이 움직이지 않을 경우 더욱 그렇다. 이는 펭귄의 서식지 촬영 시 포클랜드 제도(Falklands)로부터 돌려받은 영상에서 특히 문제시됐던 점이다. 해결책이 있기는 하지만 많은 보수작업이 동반된다. 이것을 쓰는 동안에도 구글 점프 팀으로부터 메일이 도착했다. 그들은 위에 기재한 문제에 대한 해결책을 만들었는데 한 쌍의 카메라로 알고리즘 없이 스티치가 가능하도록 화면의 일부를 분리할 수 있게 한다는 내용이다. 이것은 구글 같은 회사가 VR 제품의 문제 해결에 얼마나 빠르게 반응하는지 보여준다. 점프 시스템의 정말 좋은 점은 3D가 매우 정확하게 보이며 느낌도 자연스러운 것이다. 장점들을 잘 이용할 수 있다면 좋은 결과가 나올 것이다. 그러나 구글에 업로드하는 것이 쉬운 일은 아니고 빠르게 바로 다운받는 것도 유튜브에 달려 있다. 최고의 성과를 얻고 싶다면 사후 제작에 꽤 많은 시간을 들여야 할 것이다.

그림 5.2 이 할로

자료 Yi 제공 (2018)

이 할로(Yi Halo)

이 할로는 2세대 구글 점프 카메라다. 1세대인 오디세이가 학습한 것을 기반으로 만들어진 이것은 큰 진전이라 할 수 있다. 오디세이를 뛰어넘는 이 할로의 주요 장점은 카메라가 위에 있어서 촬영 시 포함되지 않는 영역이 거의 없다는 점이다. 카메라는 또 신중하게 생각을 많이 했다는 느낌을 준다. 개별 모듈의 상태를 볼 수 있도록 화면을 옆에 추가했고 모든 카메라를 쉽고 직관적으로 조종할 수 있도록 했다.

또 안드로이드 전용의 휴대용 앱이 있어서 4대의 카메라가 보는 동, 서, 남, 북의 방향을 볼 수도 있다. 이 앱으로 카메라를 완전히 조종하는 것이 가능하다. 우리는 다수의 360도 영상 촬영에 이 카메라를 사용했는데 믿고 사용할 수 있으며 캡처한 콘텐츠도 매우 고품질이었다. 크기에 비해 가볍고 튼튼하며 과열의 징후도 없다. 하지만 몇 가지 단점이 있는데 세트장 작업 시 와이파이로 검토하는 것은 적합하지 않을 수 있다. 특히 와이파이 신호가 많이 혼란스러운 바쁜 세트에서는 카메라가 보는 것을 미리보기할 수 없었다. 17개의 카드를 한 번에 한 개씩 제거한 다음 대략적인 스티치를 위해 컴퓨터에 업로드해야 하는 등 화면 미리보기 역시 너무 오래 걸렸다. 이것은 디지털 영상 기술자(DIT)에게 일을 힘들게 만든다. 우리는 이 문제의 해결을 위해 Z-Cam S1 같은 부차적인 라이브 스트리밍 카메라를 설치해서 클라이언트가 라이브 360도 영상을 다른 화면에서 볼 수 있게 했다. 화면은 저장 또한 가능하고 쉽게 되돌려 볼 수 있어서 최종적으로 구글 점프 스티처에 보낼 콘텐츠를 고를 수 있도록 한다.

칸다오 옵시디언(Kandao Obsidian)

옵시디언은 업계에서 빠르게 인기 있는 3D 360도 카메라가 되고 있다. 가격경쟁력이 높고 사용하기 쉬우며 꽤 믿을 만하다. 아래의 Z-Cam과 함께 칸다오는 원격 모니터링, 카메라의 조종 및 콘텐츠 다운로드를 하는 데 한 개의 이더넷 케이블을 사용한다. 차세대 스티칭 소프트웨어 덕분에 광흐름을 만드는

것이 더 쉬워졌고 옵시디언 같은 카메라는 이전보다 훨씬 쉽
게 아름다운 3D를 만들 수 있게 한다. 해상도에 집중하는 'R'
과 속도에 중점을 두는 'S' 시리즈가 모두 나와 있다.

조니 파이브(Johnny Five)

스테레오 슬라이서로도 알려진 이 제품은 우리가 제일 좋아
하는 장치로 가장 제한적이기도 하다. 그림 5.4에서 볼 수 있듯
이 사용자 지정으로 동기화되는 소니 A7SII와 한 쌍이다. 우리
는 업계 표준인 V록스로 충전이 가능하도록 카메라에 장치를
해서 소니의 건전지는 사용하지 않는다. 이 카메라로 촬영 시
어두운 환경에서 큰 역량을 발휘할 수 있고 강조 부분과 그림
자의 아름다움을 세밀히 유지하게 하는 'S-Log' 촬영이 가능
하다. 콘텐츠는 고르기 작업 후 보기 좋아지는데 TV 광고 수

그림 5.3 칸다오 옵시디언 R

자료 칸다오 제공 (2017)

그림 5.4 조니 파이브

자료 비주얼라이즈 제공 (2017)

준의, 보통 영상 작업에서 기대하는 그런 품질이 된다.

카메라가 촬영 시 140도밖에 처리하지 못하기 때문에 360
도를 얻기 위해 많은 수의 '슬라이스'를 찍어야 하는 것이 큰
문제점이다. 카메라가 정지 상태일 때 조정 가능한 장면만 촬
영할 수 있다. 그러니 프레임에 빠져나가거나 추가된 사람 혹
은 물체가 없는지 확인해야 한다. 적합한 장면을 위해 사용한
다면 매우 많은 이점이 있다. 가장 큰 장점은 원격으로 시청할
필요서 없어서 감독, 조명, 촬영 감독, 클라이언트 등 관계자
모두가 현장에서 바로 카메라를 볼 수 있다는 점이다. 우리가

그림 5.5 존트 원

자료 존트 제공(2017)

구글로 〈FT〉를 위해 작업한 〈어둠 속의 더블린〉은 이 방식의 좋은 예다.

존트 원(Jaunt One)

존트 원은 매우 인상적인 카메라로 해상도 및 설정성이 매우 높다. 존트 소프트웨어를 사용하여 모든 개별 카메라의 거의 모든 설정 세부사항들을 조종할 수 있다. 매우 큰 호박의 거의 두 배나 되는 무게 덕에 우리 팀원들의 등이 거의 부러질

뻔했지만 말이다. 촬영 시 가지고 다니기에는 너무 무거워서 빠르고 역동적인 장면을 찍기에는 적합하지 않다. 카메라는 24개의 개별의 소형 카메라로 만들어져서 카드 슬럿도 24개 다. 따라서 'DIT'에게나 세트장에서 진행 시 매우 부담스럽다. 이것은 구글 점프 시스템과 비슷한 방식으로 24개의 카메라를 사용한다. 화면을 존트 클라우드에 올리면 여기에서 자동으로 스티치를 하여 3D 영상으로 보내 준다. 오프라인에서 아주 빠르게 처리하거나 시간이 좀 더 소요되지만, 훨씬 더 정교한 스티치 작업으로 받을 수도 있다. 가격은 매우 비싼 편으로 아마도 가장 비쌀 듯한데 B&H 포토에서 95,000파운드에 구매가 가능하다. 이 가격이라면 2년 전 발판이 없는 카메라가 처음 나왔을 때 구매하는 것이 더 나았을 듯한데 지금은 잘 모르겠다. 장점은 센서 품질과 렌즈가 환상적인 점이다. 존트로 찍은 화면을 본 적이 있는데 희미한 조명에서도 매우 잘 나왔다. 동적 범위 역시 매우 우수하다. 가장 감동한 점은 엄청난 조종성이다. 한번 손잡이를 돌리면 모든 개별 카메라를 관리하며 미리보기와 반복 설정, 그리고 테스트를 실행할 수 있다. 또 촬영도 흠 없이 완벽하다. 모듈이 교체 가능한 것도 주목할 가치가 있는데 촬영 중 무슨 일이 일어나면 쉽게 모듈을 바꿔서 계속할 수 있다. 사용법을 배우고 익숙해지기에는 꽤 많은 연습이 필요하기 때문에 편하게 사용할 수 있는 카메라라고 말하지는 않겠다(물론 가격 면에서도 그렇다).

모노 카메라

예산이나 다른 제약점 때문에 3D 촬영을 많이 할 수는 없다. 예를 들어 차 내부 같이 좁은 공간이나 드론으로 촬영하는 너무 멀리 떨어진 경관 같은 경우 3D는 불필요하다. 또 차의 외부나 헬멧을 단 사용자같이 더 극단적인 광경일 경우도 동일하다.

Z-Cam S1 프로

S1 프로는 최종적인 모노 360도 영상에 대한 답안이다. 이것은 다른 경쟁사보다 렌즈와 센서가 커서 어두운 조명에서도 잘 된다. 또 무엇보다도 우리 촬영 감독의 의견에 의하면 각 카메라의 조리개를 수동으로 조작할 수 있는 기능이 있다. S1 프로는 완전 360도 전경을 위한 카메라가 4개뿐이어서 6개의 카메라 장치로 영상조각을 이어 퀼트로 제작하던 고프로 기반의 시절보다 훨씬 좋아졌다. 카메라는 아이패드나 노트북으로 원격 조정된다. 이로 인해 촬영 공연을 하는 동안 무대에 가까이 갈 필요 없이 노출을 조정할 수 있고 창의적 관점에서 원격 모니터링이 가능하다. 정말 S1 프로에 대해서는 할 말이 너무 많아서 요점에만 중점을 두겠다. 멋진 촬영 모드가 있어서 렌즈에 전체 이미지 서클이 가능하다. 즉각 영상은 거의 완벽하게 바로 옆 카메라와 중첩하여 선택지가 많아지며 유연하게

사후 제작을 할 수 있다. 라이브 스트림도 매우 효과적이며 한 개의 이더넷 케이블에 화면을 스티치하는 컴퓨터(제3자 소프트웨어나 Z-Cam의 '원더스티치' 소프트웨어)를 연결하기만 하면 된다. 카메라는 동적 범위가 좋고 저조명 기능에 고품질의 렌즈와 센서를 보유하고 있다. 이 카메라를 지나치게 칭찬하는 것 같지만 그럴 만한 가치가 있다. 게다가 우리는 아직 안 해 봤지만

그림 5.6　Z-Cam S1 프로

자료　Z-Cam 제공 (2018)

외견상으로는 의사(擬似) 3D 촬영도 가능한 것 같다.

고프로 퓨전(GoPro Fusion)

저자는 이 소형 카메라를 매우 좋아한다. 정말이지 출시하는
데 오랜 시간이 걸렸다. 수년 간 고프로와 연대해서 360도 카
메라를 제작했는데, 드디어 퓨전을 출시해 준 것이다! 이 카메
라의 장점은 그 단순성이다. 카메라가 두 대여서 단지 한 개의
'스티치를 연결'하면 되고 가벼우며, 고맙게도 방수가 된다!
머리에 매달거나 거친 사용에도 이보다 좋은 소형 360도 카메
라는 없다. 그러나 모든 360도 카메라가 그렇듯이 장점만 있는
것은 아니다. 자사 소프트웨어가 아니면 화면을 스티치 할 수

그림 5.7 고프로 퓨전

자료 고프로 제공 (2018)

그림 5.8 Red 'Side by Side' rig

자료 엔타니아 제공 (2018)

있는 장치가 없고 그나마 스티치가 되면 다행이지만 그렇지
않을 경우는 큰 고생을 해야 한다.

더블 카메라 구성

일본의 렌즈 제조회사인 엔타니아(Entaniya) 덕분에 단 두 대

그림 5.9 고프로 히로 4 블랙 카메라를 기본으로 한 엔타니아 뒷면 붙임 기기

자료 엔타니아 제공 (2018)

의 카메라와 렌즈로 콘텐츠를 캡처할 수 있는 다양한 가능성이 생겼다. 그림 5.8은 한 쌍의 레드 헬리움 8K(Red Helium 8K)에 붙어 있는 두 개의 250도 렌즈다. 렌즈는 또 소니 A7 시리즈와 파나소닉 GH5s에도 맞아서 조건에 따른 옵션 선택이 가능하다. 이러한 구성과 관련된 주요 문제점은 카메라 센서의 시차 오차 가능성과 렌즈가 너무 멀리 떨어져 있는 점이다. 좁은 지역에 있다면 이점은 매우 눈에 띌 것이다. 그러니 화면의 경계선을 신중하게 잇거나 사후 제작에 정말 힘들여 작업해야 한다. 그러나 이것을 해낸다면 엄청난 동적 범위와 조작 가능한 카메라를 사용하는 것이며, 아름다운 모습의 사진을 얻게 될 것이다. 더블 카메라는 또 소형 카메라에도 좋다. 엔타니아는 고프로를 포함해서 다양한 카메라를 위한 다양한 렌즈를

보유하고 있다. 우리는 수년간 이 렌즈를 사용한 맞춤 고프로 장비를 많이 사용했다. 어떤 때는 더블로, 또 어떤 때는 특정한 카메라의 넓은 시계를 위해서 말이다(예를 들면 중간에 스티치 선 없이 창밖을 바라볼 수 있는 카메라).

싱글 카메라 구성

앞선 스테레오 슬라이서(조니 파이브)와 비슷하지만 카메라가 한 대 뿐이어서 완벽한 스티칭이 가능하다. 선택에 따라 매우 넓은 각의 어안렌즈를 부착하여 모든 싱글 카메라에서 구성이 가능하다. 우리는 이 구성을 파나소닉 GH5, 소니A7SII 심지어 알렉사 미니와 레드 헬리엄스까지 함께 동원하여 사용했다. 전체 360도 전경을 각 90도로 분리한 후 함께 스티치 하면 된다. 모든 촬영을 카메라 본체가 아닌 렌즈를 회전함으로써 절점(節點)이라고 부르는 빛의 점에서 정확히 똑같이 찍어야 한다. 360도 파노라마 사진을 찍을 때처럼 말이다. 물론 프레임에 아무도 들어오거나 나가지 못하도록 장면을 조정해야 하지만 매우 협소한 곳에서도 결과는 환상적이다. 우리의 템플 프로젝트에서 차의 내부용으로 이 기법을 사용한 적이 있다. 조수적의 좁은 내부는 우리의 노르웨이 항공 프로젝트에서 시청을 할 수 있다. 이 구성은 품질에서 최상이겠지만 장면의 역동성에는 대가가 따른다. 모든 장치에는 물론 장단점이 있는 법이다. 모노 슬라이스의 좋은 점은 일반 카메라에 어안렌즈만 부착함으로써 360도 촬영을 할 수 있다는 것이다. VR로 가는 멋진 출발점이 될 것이다.

Z-Cam S1

Z-Cam은 갑자기 나와서 360도 영상 카메라 시장을 앞질렀다. S1은 놀랄 만한 첨단 제품으로, 렌즈가 가까이 함께 있

그림 5.10 Z-Cam S1

자료 Z-Cam 제공 (2018)

고 냉각을 위한 금속 케이스에 원격 제어용 이더넷 및 전체 동기화가 가능하다. 유일하게 불가능한 것은 3D다. 이것은 앞선 S1의 작은 동생으로 렌즈가 가깝게 붙어 있어 쉬운 스티치를 쉽게 할 수 있어서 협소하고 폐쇄된 공간에 적합하다. 우리는 또 라이브 미리보기 장비로도 사용했는데 360도를 헤드셋으로 바로 보내거나 큰 화면으로 다른 방에서 볼 수 있었다. 주요 장비는 이 할로처럼 클 수 있다. 한편 미리보기 캠에서 나온 것이 창의적이라면 편집 없이 그대로 둘 수도 있다.

그 밖의 VR장비

여기에서는 우리가 선호하는 360도 카메라와 거의 매일 사용하는 장비들을 소개한다. 모든 카메라를 본격적으로 소개 할 수는 없고 직접 시험해 보지 못해서 언급 못한 장비들도 있다.

Z-Cam V1 프로

신 360도 영상 카메라 중 가장 구매하고 싶은 것으로 고성능 렌즈와 센서로 3D 360도 영상을 촬영할 수 있다. 적합한 엔비디아(NVidia) 그래픽 카드와 결합하면 광흐름과 함께 라이브로 스티치도 할 수 있다. 즉 놀라운 품질의 라이브 화면을 뽑을 수 있다는 말이다! 렌즈가 서로 가깝게 위치하고 고품질의 렌

그림 5.11 Z-Cam V1 Pro

자료 Z-Cam 제공 (2018)

즈와 센서가 장착된 프로는 그야말로 최상의 설치다.

페이스북 서라운드 360도 카메라

2017년 초반에 발표된 페이스북의 서라운드 360도 카메라
는 일반적인 360도 카메라가 아니다. 360도로 영화를 찍을 뿐
만 아니라 장면의 깊이감까지 캡처한다. 이것은 '용적' 캡처라
고 하며 360도의 자연스러운 진화로 볼 수 있다. 한 지점만이
아닌 모든 각도에서 보이는 전 영역을 캡처한다는 개념으로
완전히 이 지점에 도달하기까지는 아직 많은 길이 남아있지
만 서라운드 360같은 카메라가 그 여정의 첫걸음을 뗐다고 하
겠다.

6

VR의 미래

이 책의 앞 장에서
되풀이해서 말했듯이 VR의 대량 수용은 아직 초기 단계다. 이
것은 'VR을 소개한다' 같은 프리미엄 신체 활동이나 목표 시
장 확보를 위한 구글 카드보드 헤드셋 무료 배포 등을 위주로
마케팅을 기획하고 있음을 의미한다. 이점은 지금은 문제지만
미래에서는 더는 문제시 되지 않을 것이다. 이번 장에서는 VR
이 어떻게 대량 채택에 도달하게 되는지 및 미래에 VR이 마케
팅 담당자들에게 어떤 놀라운 세계를 보여줄지에 대해 이야
기하겠다. 먼저 전 영국 정부 고문이자 런던의 '테크 시티(Tech
CITY)' 선구자이며 BBC의 인공지능 다큐멘터리 작가 및 세컨
드 홈(Second Home) 공유 오피스의 창시자인 로한 실바와의 대
담을 소개한다.

VR에 대한 미래학자의 생각-로한 실바

대담

스튜어트 대담에 참석해 주셔서 감사드린다. 경력에 관해 이야기해 달라.

실바 정부의 공공정책 및 10번가의 의회에서 재무부 일을 하면서 경력을 쌓았다. 데이비드 캐머런에 반대했을 때 많은 정치인들이 '우리는 유권자보다 똑똑해'라고 생각해서 자신들은 더 일을 잘 할 것이라고 생각하는 것에 놀랐다. 이것은 정말 어리석은 일이라고 생각한다. 결함이 없는 인간은 없으니까. 그렇지만 새로운 통찰력과 신기술 또 정부를 더 잘 조직할 수 있는 새 영역에 관한 연구에 집중할 수 있다면 더 잘할 기회가 있을 것이다. 행동 경제학 같은 많은 좋은 예가 있다. 현재 기술 및 디지털 기술은 정부가 사용할 수 있다면 기회가 많은 영역이고 사람들을 삶을 정말 개선할 수 있을 것이다. 여기가 바로 실리콘 벨리와 이스라엘 및 많은 장소에서 기술이 무엇을 정부에 이식할 수 있는지에 대해 많은 시간을 투자한 새롭고 낯선 영역이다. 또 어떻게 정부 정책이 영국의 기술 산업을 지원할 수 있는지도 알아보고 말이다. 이런 이유로 모든 것들이 시작되었다.

스튜어트 VR이 중요한 미래 기술이 될 것으로 생각하나?

실바　지난 50년 동안 디지털은 소형화 및 사람과 시쿨 간의 인터페이스를 없애거나 축소하는 성향이기 때문에 VR은 매우 중요할 것으로 생각한다. 눈앞에서 좀 더 직관적인 방식으로 움직임과 음성, 동작을 사용해 교류할 수 있게 되는 것은 이 기술의 당연한 다음 과정이라고 본다. 어떤 식으로는 VR이 신기술 플랫폼이 되는 것은 불가피하다고 생각한다.

스튜어트　VR이 어떻게 마케팅에 사용될 수 있다고 생각하나?

실바　VR의 경이로움은 인간적 공감을 여는 데 도움이 된다. 세상의 많은 이야기나 일들을 들을 때 사람들은 보통 '저건 다른 세상에서나 일어나는 일이야.', '저 이야기는 나와는 상관없어', '저 제품이나 서비스는 나와는 안 맞아'라는 반응을 한다. VR은 사람을 활동에 가깝게 데려다주고 자신과 자신이 보는 실제로 움직이는 것과의 경계를 파괴한다고 생각한다. 최고의 마케팅은 공감이고 공감은 정서적인 것이다. 공감은 단지 제품을 즐기는 상상을 함으로써 이뤄지진 않는다. VR은 공감을 위한 완벽한 매체다. VR을 기술적 업무에서 창조적 예술로 어떻게 이동하느냐가 과제라고 생각한다. 비주얼라이즈는 훌륭하게 기술과 예술을 결합했다. 비주얼라이즈는 예술과 기술의 교차점이라면 면에서 애플과 같다.

스튜어트　어떻게 VR이 이 닭이 먼저냐 달걀이 먼저냐의 문제를 해결하고 대량 수용을 달성할 수 있을까?

실바 VR은 모든 위대한 기술이 지나쳐야 하는 같은 지점에 있다고 생각한다. 즉 기술 전문가의 손에 달린 것이다. 창의성은 이제 막 시작하기 시작했다. 진짜 창의적 인재들이 전에는 연구 개발실에나 있던 기술들에 손을 대기 시작하고 있다. 개인적으로 VR을 그저 식탁이 집에서 어떻게 보일까 하는 이유로 사용하는 것은 그렇게 재미있지 않다고 생각한다. 1시간이나 걸려서 아마존에서 배달받던 것에서 마음에 안 들면 무료로 반품할 수 있는 것 정도로는 매우 큰 도약이라고 할 수 없다. 물론 더 좋아졌긴 하지만 아주 큰 도약은 아니다. 비주얼라이즈가 잘 하는 도약이라고 부를 수 있는 것은 VR 관련한 스토리텔링이다. 제품이나 브랜드 혹은 기관과의 정서적 연결은 단순히 폰이나 TV로는 얻을 수 없다. 스토리텔링과 브랜드의 새로운 길이며 고유한 매체라는 점이 정말 흥미진진한 점이다.

스튜어트 AR과 비교해보면 VR이 어떻게 성장하리라 생각하나?

실바 솔직히 잘 모르겠다. 둘은 매우 상호보완적이고 AR이 VR의 앞선 단계든가 혹은 그 반대든가 하는 것 같다. 정말 잘 모르겠지만 두 영역 모두에 많은 투자가 이뤄지고 많은 사람이 이 기술을 즐기고 있다는 것은 신나는 일이라고 생각한다. 모두 성공하리라고 보는데, 언론에서는 보통 한 매체는 실패하고 다른 것은 성공한다는 식으로 생각하는 것 같다. 이것은 맞지 않다. AR은 도시 내비게이션 같은 것에 적합하고 VR은 영화나 스토리텔링, 스포츠, 컴퓨터 게임 같은 것을 잘 한다고 생각한다. 중요한 것은 창의적 방향으로 이 매체를 통해 들려줄 수 있는 독특한 내러티브가 있느냐 하는 것이다. 어떤 시각적 용어가 전개될까? 정말 흥미진진하다.

스튜어트 VR이 어떻게 더 소셜화될 수 있을까?

실바 페이스북이 오큘러스를 인수한 것은 좋은 징조인 것 같다. 마크 저커버그(Mark Elliot Zuckerberg, 페이스북 CEO)의 VR 관련 공개 논평은 모두 사회성에 관한 것들이었다. 세계에서 가장 가치가 높은 5개의 회사 중 1개가 VR의 소셜 성향을 추진하기 위해 수십억 달러를 투자한 것이다. VR이 고도로 소셜화가 되리라는 괜찮은 예상들이 많다. 실용적 수준에서는 헤드셋을 쓰고 세계 반대쪽에 있는 사람들과 데이트나 친목을 위해 이야기할 수 있게 될 것이다. TV가 지금까지 했던 것보다 소셜화가 훨씬 더 잘될 것이다. 미래를 결정하는 현재의 기술은 이제 창의적 인재들에게 달려 있다. 인터넷 시대가 시작될 때 사람들이 익명의 뒤에 숨어 더는 서로 대화하지 않게 되리라 예상했었다. 그러나 실제로는 블로그나 유튜브, 트위터 등에서 개인적 표현이 넘쳐나고 있다. 20년 전에는 예상하지 못했던 일이다. 인터넷은 훨씬 더 소셜화되고 있고 VR도 같은 길을 따를 것이다. 처음에는 개인적 경험이 다수가 되고 결국 소셜적인 것으로 전개될 것이다.

스튜어트 VR이 어떻게 진화하리라 생각하나?

실바 VR은 신사고가 요구되는 뉴 미디어이다. VR의 발전에는 시간이 필요하다. 20세기 초기의 마천루에 괴짜같이 집착했던 적이 있다. 이것은 강철 기술이 매우 높은 건물을 지을 수 있는 수준으로 발달하고 엘리베이터가 발달해 30층의 계단을 올라가야 할 필요가 없어졌기 때문에 가능했던 일이다. 건축가들이 마천루를 설계하기 시작했지만 중요한 기술은 있지만 관련된 시각적 어휘는 아직 발달하지 않았다. 최초의 마천루는 그리스식 기둥과 괴물상, 석제 외장재에 지붕은 돔을 얹었다. 20년 후에야 이것들은 없어졌다. VR에서 새로운 용어가 원래의 것을 대체하는 시점이 있을 것이다. TV도 마찬가지다. 최초의 TV는 라디오 방송을 TV로 이식하는 방식이었다. 사람들이 매체의 잠재성을 탐색하기 시작하는 데는 수년이 걸렸다. 연결 다리가 만들어졌을까? 그렇지는 않다. 언제 시작할지 알 수 있을까? 아니다. 그러나 꼭 만들어질 필요가 있다는 것은 확실하다.

스튜어트 VR은 광고의 미래가 될까?

실바 광고업계와 이야기해 보면 페이스북이나 다른 플랫폼에 많은 광고 쪽 인재들을 빼앗겨서 업계 사람들은 현재 많이 위축돼 있다. 그들은 어느 정도 최적화를 강요당하고 있다. VR이 광고계에 진정한 창의성과 스토리텔링을 여는 새로운 매체가 될지 누가 알겠는가? 정말 신나고 업계를 위한 좋은 일이 될 거다. 생각엔 페이스북 광고보다 소통할 것이 많은 곳이 있을 것 같다. 페이스북은 회사의 중심성이나 가치, 비전에 대한 설명이 없다. 광고를 위한 다른 매체들이 필요하다. VR이 회사들로 하여금 목표한 방식으로 또 최적의 지역에서 스토리텔링을 할 수 있게 한다면 정말 흥미로울 것이다. 현재로는 TV 광고 같은 스토리텔링 중심의 매체는 대상화가 어렵고 잡지 광고는 관객들을 꼭 집어내기 힘들다. VR이 두 둘 사이의 안정 지점이 될 수도 있을 것이다.

실바의 VR과 그 미래에 대한 생각을 요약하면 다음과 같다.

- VR은 기술에 있어 불가피한 패러다임으로 진정으로 사람이 매체에 몰입하고 참여할 수 있는 길이다.
- VR은 사람과 물체와의 경계를 무너뜨려 콘텐츠와의 훨씬 강력한 정서적 연결과 참여를 가능하게 한다.
- VR을 기술적 업무에서 창조적 예술로 옮겨가는 것이 과제다.
- AR과 VR 모두 성공할 것이다. 이것은 제로섬 게임(게임 이론에서 참가자 각각의 이득과 손실의 합이 제로가 되는 게임)이 아니다.
- 인터넷처럼 VR은 개별적 경험으로 시작하지만 점점 더 '소셜'로 바뀌게 될 것이다.

- TV와 라디오에서처럼 새로운 어휘가 원래의 것을 대체하는 시점이 VR에서도 올 것이다.
- VR은 현대 마케팅 트렌드에 제한되지 않는 새로운 매체를 열 것이며 창의적 스토리텔링은 호황을 이룰 것이다.

기술의 대중화를 향한 경로

VR은 유비쿼터스 기술이 되겠지만 결실을 맺는 데는 수년이 걸릴 것이다. 사람들을 헤드셋을 쓰도록 하기 위해서는 행동의 큰 변화가 있어야 한다는 점은 대중화에 있어 과제다. 그렇기 때문에 VR 사용촉진제는 매우 주목할 만한 것이어야 한다. 어떤 촉진제가 일반 대중을 메타버스로 들어가게 하는지 알아보자.

영화와 팝 문화

최근 영화 〈레디 플레이어 원〉(2018)의 개봉과 함께 우리는 영화의 새로운 물결의 시작을 목격하고 있다. 어니스트 클라인의 유명한 책을 영화화한 몰입과 가상 미래에 영감을 받은 작품으로 처음 책이 나왔을 때 오큘러스 전 직원에게 필수 도서로 배포됐다고 한다. 스티븐 스필버그가 감독한 이 영화는 VR 초심자에 대한 엄청난 잠재력을 증명한다. 사람들이 오아

시스를 찾아 현실을 도피하는 반 이상향의 미래를 무대로 사람들은 가상 메타버스에서 게임하고 만나며 소통한다. 또 의문의 창조자가 내놓은 미션에 대한 단서를 쫓기도 한다. 어둡고 또 기이하기도 하지만 영화는 기술이 그 가능성을 실현할 때 얼마나 놀라운 가상세계가 될 수 있는지 강조하고 있다. 다른 영화나 시리즈물로 역시 VR의 미래를 다루고 있는데 리처드 모건의 멋진 시리즈로 넷플릭스에서 각색한 얼터드 카본 (Altered Carbon)을 예로 들어보자. 사람들은 즐거움이나 취조, 혹은 고문을 목적으로 VR로 뛰어든다. 역시 현실과 가상세계와의 경계는 흐릿하지만 우리는 VR의 잠재적인 힘과 사용에 대해 배워가는 중이다. 제작 시점에서 부터의 멋진 전개는 대부분의 가상세계가 360도 영상을 촬영된 점과 정각형 영화로 디스플레이 된 점으로 VR 제작에서 익숙한 고유한 뒤틀림을 주고 있다.

단독형 헤드셋

오큘러스의 고(Go) 및 HTC의 바이브 포커스 출시는 VR 진입의 장벽을 엄청나게 축소할 것이다. 두 헤드셋 모두 헤드셋 전력을 위해 컴퓨터나 스마트폰을 사용할 필요 없이 VR에 접속이 가능하다. 오큘러스 고의 경우 상당히 저렴한데 오큘러스는 단 199달러로 출시한다고 밝혔다. 바이브 포커스는 '인사이드 아웃 트래킹(inside-out tracking)'이라는 특별 기능이 있어서 사용자가 신체적으로 공간을 돌아다닐 수 있다. 이 기능으로 인해 가격이 올라가서 500달러 이상이 될 예정이다. 결정적으로 고는 가격 면에서 훨씬 경쟁력이 있어서 2018년 및 이후에도 판매에 우위를 차지할 것으로 보인다. 2장에서 가상현실 전반에 대해 슈퍼데이터의 스테파니 라마스가 밝혔듯이 고는 더 보이드 같은 VR 공공 시연을 할 수 있는 완벽한 시기여서 사람들이 와서 헤드셋을 구매할 수 있는 점화를 제공할 것이다.

윈도 혼합 현실

윈도 VR 플랫폼이란 이름은 좀 짜증스러운데 '혼합 현실'이 아니라 순수한 VR이 맞기 때문이다. 헤드셋 전면의 센서가 주위의 방을 추적하고 걸어 다니며 경험할 수 있게 한다. 따라서 용적측정 면에서 MR이 아니라 VR을 가능하게 하는 것이다. 이 헤드셋의 소매가격은 적당하다. 가격 경쟁 면에서 꽤 합리적으로 299달러에서부터 499달러까지 있다. 가장 중요한 점은 아무래도 윈도에서 실행이 가능하다는 점이다. 이 한 가지 특성으로 VR을 훨씬 접근하기 쉽게 하고 있다.

6 자유도

한 지점이 아닌 영역에서 영상을 캡처하는 용적 캡처에서의 실험이 더욱 기대된다. 이 실험은 먼저 사용자가 콘텐츠를 보는 동안 사용자가 몸을 약간 움직일 수 있게 것으로, 즉 그저 머리를 돌려 주위를 보는 것이 아닌 앞뒤 및 좌우로 몸을 흔들 수 있다. 이것의 초기 버전은 모든 방향으로 6인치 정도 움직일 수 있었다. 이 정도의 크기라도 몰입과 현장감은 크게 늘일 수 있다. 오토이(OTOY), 어도비, 파운드리 및 프램스토어(Framestore)와의 제휴로 탄생한 페이스북의 신 용적 카메라는 이 까다로운 콘텐츠 캡처의 흥미로운 전진을 이뤘다. 용적 캡처를 하는 다른 방법들도 있다. 예를 들면 모든 각도에서 동시에 사람들을 촬영할 수 있도록 많은 카메라의 배열장치를 이용하여 3D 모형이 그 사람으로 구성된 것처럼 한 것이다. 시간까지 움직이게 할 수 있다면 4D도 가능하다. 직접 걸어 다니고 인물과 장면을 다른 각도에서 보며 볼 때마다 다른 통찰을 얻을 수 있는 영화를 상상해 보자. 모든 각도에서 모든 것을 수백 장 혹은 수천 장까지 찍어서 방이나 공간의 3D모형을 캡처하는 과정인 사진 측량법도 크게 증가하고 있다. 애지소프트(Agisoft)의 포토스캔이나 오토데스크(Autodesk)의 리캡 같은 소프트웨어 옵션들이 나와 있다. 결과 모형은 VR 속에서 걸어 다니거나 VR 게임의 실물 배경을 위한 기반이 될 수 있다. 또는 대화용 요소와 관련된 마케팅 활동도 가능하다. 환경을 몰입적으로 캡처하는 또 다른 법은 레이저 스캐닝을 사용하는 것이다. 이것은 보통 레이저 포인트로 매우 정확하게 거리를 측정하는 지도 제작 일과 관련이 있다. 그런 다음 풍부한 색감 및 조명 정보를 위해 같은 위치를 찍은 360도 사진과 섞

으면 과정은 완료된다. 이 기법은 매우 놀라운 결과를 낳았고 가장 유명한 것은 BBC가 스캔랩스(ScanLabs)와 함께 작업한 이탈리아의 잃어버린 도시인 지하도 지도제작 프로젝트다.

B2B 성장

단기적으로 봤을 때 VR의 주요 성장 분야는 기업과 기업의 거래(B2B) 분야가 될 듯하다. 우리는 이미 VR이 트레이닝을 위해 많이 사용되고 의료 서비스나 건축 업계에서 실용적인 도구로 쓰이는 것을 봐왔다. 그 이유는 간단하다. 일반 고객을 위해 사용하는 것보다 더 고비용으로 VR을 판매할 수 있기 때문이다. 즉 업계 전반에서 현재 VR을 활용하고 있으며 더 많은 사람들이 VR을 사용할 것이다. 또 VR의 기술적인 측면에 있어 지속적인 개발이 가능함을 뜻하기도 한다. 혁신은 소비자 시장 및 마케팅, 광고로 흘러 들어갈 것이다.

게임

VR 헤드셋 수의 단계적인 성장과 함께 우리는 '킬러' 게임이 필요하다. 즉 모든 사람의 입에 오르내리고 뉴 미디어를 사용하게 만들며, VR의 잠재성을 정당화하는 게임 말이다. 현재 이 문제의 일부는 VR 산업의 어휘가 학습되는 중으로 이 게임을 만드는 최고의 방법은 아직 모른다는 점이다. 그러나 사람들이 현재 아주 잘하고 있다. 사람들이 이러한 게임에 대해 많이 이야기하고 있고 이 늘어나는 관심의 눈덩이 효과에 대한 헤드셋이 마련될 것이다. 한 가지 문제는 스튜디오 관점에서는 충분한 헤드셋이 없으므로 VR 게임에 투자하는 것을 정당화하기 어렵다는 것이다. 이런 이유로 VR 버전은 보통 기존의 게임의 각색판이다. 이것은 보통 효과가 좋지만 게임이 VR용으로 완전히 새롭게 만들어지면 VR은 정말 쾌재를 부를 것이다. 현재까지 저자의 가장 좋아하는 목록은 PS4의 파포인트(Farpoint)와 와이프아웃(Wipeout), 오큘러스 리프트의 릭 앤 모티(Rick and Morty), 가상세계(Virtual Rick-ality), 로보 리콜(Robo Recall) 과 스팀의 폴아웃 4(Fallout 4)와 렉룸(Rec Room)이다.

VR 영화

흥미롭게도 스터티스틱 브레인 연구소(Statistic Brain Research Institute, 2017년 8월)에 따르면 헤드셋으로 시청한 콘텐츠 중 게임은 단 48%였다. 남겨진 대부분은 VR 영화로도 알려진 360도 영상이다. 알만도 커윈은 VR 산업의 건전성에 대한 뛰어난 일련의 기사를 썼는데 360도 영상을 시청한 수치는 더 높을 것이라고 했다.

삼성과 구글은 모바일 헤드셋 소유자들은 거의 50%의 시간을 헤드셋으로 콘텐츠를 시청하는 데 소요하고 있으며 수치는 더 증가할 수 있다고 말했다. 그러나 저자는 비공개 석상에서 모바일 헤드셋 게임 사용수는 35% 정도라고 들었다.

사람들이 꼭 재미 때문에 콘텐츠와 교류하기를 원하는 것은 아니다. 그들은 게임보다는 앉아서 영화를 보고 싶어할 수 있고 VR도 똑같다. 수동적일 때와 교류할 때가 있는 법으로 이것들은 상호 배타적이지 않다. 곧 VR의 스토리텔링 어휘가 한층 확립될 것이고 헤드셋 숫자는 더 많은 영화 콘텐츠 소비를 정당화할 것이다. 특히 유명 배우나 감독이 현장에 있다면 VR 영화의 대량 선택은 엄청나게 촉진될 것이다. 할리우드는 이미 VR 실험을 하고 있는데 우리는 〈덩케르크(Dunkirk)〉, 〈와이어드(Wired)〉, 〈쥬라기 공원(Jurassic Park)〉, 〈정글북(Jungle Book)〉 등의 영화를 위한 홍보 경험들을 본 적이 있다. 일단 영화가 VR 전용으로 만들어지면 대량 선택은 가속화될 것이다.

VR케이드(VRcades)

중국에서는 이미 크게 성공했고 미국에서도 빠르게 확산하고 있는 VR케이드는 사람들로 붐비는 지역에서 VR 경험을 설치하는 것으로 요금이 있기도 하고 무료 경험도 가능하다. 이것은 새로운 사용자 확보에 훌륭한 방법이 될 것이다. HTC는 이미 이것에 대한 라이선스 모델이 있고 다른 제조회사들도 따라 할 것으로 기대된다. VR케이드는 잠재성의 극단적인 추구와 함께 최상의 VR 경험이 가능하다. 좋은 예가 '더 보이드'

다. 최근의 경쟁작들에 비해 훨씬 뛰어난 이 작품은 VR의 미래를 향한 창문이다. 그들의 말을 직접 들어보자.

더 보이드는 초현실적이며 기술적인 업적이다. 게다가 무엇보다도 재미있다. 이것은 몸 전체로 하는 완전히 몰입적 VR 경험으로 어느 장면이나 놀라움으로 가득하다. 자신과 가족, 친구가 영화 속에 있다. 어떤 때는 지면에 서 있지만, 다음 순간에는 어둠 속 깊이 빨려 들어가 상상도 할 수 없는 아름다운 것을 보거나 또 다른 영역에서 위험을 막아내기도 한다. 그것을 봤는가, 느꼈는가? 다음은 어떤 것인가? 경험해 보지 않으면 알 수 없다.

또한 더 보이드를 1인칭 시점으로 기술한 와이어드 리뷰의 링크를 참조하도록. 훌륭한 프랜카이즈와 최첨단 VR 기술 결합의 힘을 볼 수 있을 것이다. 교묘한 세트장과 경험 프로그램은 게임에서 보는 실제 문과 버튼까지 배치해서 극적인 현실감을 더하고 있다. 기술이 발전하면 가정에서 이런 수준의 경험을 하게 될 수 있다. 그때까지 VR케이드는 최초의 실험을 선사하는 중요한 일부가 될 것이다.

라이브 용량 캡처
앞서 6 자유도를 설명하면서 용량에 대해 언급했지만, 용량 캡처는 미래에는 이벤트 영화촬영 같은 것은 정상적인 것이 될 것이다. 좋아하는 밴드나 스포츠, 이벤트를 용량과 무관하게 라이브 스트리밍을 할 수 있다고 상상해 보라. 헤드셋을 쓰고 윔블던 결승 동안 중앙 코트로 걸어 들어가는 것이다. 집에서 가장 비싼 좌석 그 이상의 환경으로 경기를 보는 것이다. 혹은 좋아하는 밴드와 함께 무대로 올라가서 공연하는 그들 옆에 서 있다. 이런 종류의 용량 캡처와 영상 재생은 VR의 대량 수용을 위한 중요한 티핑포인트가 될 것이다. 칸의 레드 카펫을 밟으면 어떤 기분이 될지 생각해 보라. 조지 클루니, 브래드 피트, 스칼렛 요한슨이 지나치며 사진 촬영을 위해 멈추고 기자들의 플래시가 주위에서 온통 터져 나온다. 그들 옆에 서서 같이 포즈를 취하는 모습을 상상해 보라. 비록 잠옷 차림이지만 말이다. 이런 콘텐츠는 일반적인 기술이나 남성, 얼리 어답터와는 완전히 다른 인구층에 어필할 것이다. 이것은 모든 유명한 이벤트의 팬이라면 누구에게나 열려 있다.

매업

시장이 티핑포인트에 가까워지면서 많은 소매업자들이 판매를 위해 VR의 고유한 성능을 사용하는 것을 보게 될 것이다. 이미 아우디 같은 자동차 제조회사는 소비자가 차 종류의 탐색은 물론 맞춤 제작하는 데 VR을 이용해 오고 있다. 많은 수의 다른 업계들도 곧 VR로 넘어오리라 생각하는데 그 주요한 한 가지 이유는 VR이 시내 중심가와 집 사이의 차이를 메꾸기 때문이다. 1장에서 언급됐듯이 경험 마케팅은 최근 소매업자에 큰 주목을 하고 있다. 경험 성공의 중요한 이유는 '보는 것이 믿는 것이다'라는 개념 혹은 다른 사람을 설득하기 위해 먼저 경험해 보는 점이다. VR은 집에서의 경험을 가능하게 하고 2020년경에는 이 이 신 시장을 목표로 경험 출시하는 VR 기기가 충분히 나오게 될 것이다. VR 소매의 중요한 단계는 구매를 쉽게 하는 것이다. 단순하게 말해 사람들은 제품을 둘러보고 경험하며 사용자 지정을 한 후 구매할 수 있어야 한다. 이 단순한 메커니즘은 아직 완벽하지 않다. 사람들이 완벽하게 편하게 느끼며 구매 과정의 어떠한 저항감도 없어야 한다. 이것이 가능해지면 VR은 소매의 자연스러운 진화가 되며 우리의 구매 방식을 변모시키고 번화가를 무섭게 황폐화할 것이다.

사회성

2020년이나 2021년쯤이면 사람들은 VR을 정규적으로 통신에 이용하고 VR 통신의 기술 및 쌍방향 VR이 크게 발전할 것이다. 사회성을 위해 전력으로 노력하겠지만 임계량에 도달해야 할 필요가 있다. 페이스북을 방문하면 미리 계획하지 하지 않는 이상 친구를 우연히 만나게 될 리가 없다. 페이스북이 어떻게 소셜 VR을 마케팅하는지 한번 보라.《레디 플레이어 원》을 읽었다면 알겠지만, 사람들이 만나고 소통하며 즐기고 자신들을 개발하는 공간인 VR의 소셜 환경은 미래 VR에 있어 매우 중요하다. 작업 공간의 기능을 하는 VR의 사회성 역시 협업, 소통 면에서 미래에는 큰 영역이 될 것이다. 결국, 이것은 사람들에게 가치 있고 VR을 성장하게 하는 또 다른 가상세계인 메타버스의 창조다. 이것은 창의성의 새 영역과 새로운 경쟁, 고용을 가능하게 하고 이윽고 현실 역시 크게 변화시킬 것이다.

증강현실(AR)

위에서 다룬 모든 것들 중에서 VR의 안내자 입장에서 한 가지를 고르라고 한다면 저자는 증강현실을 고르겠다. AR은 최초의 호황 이후 새롭게 급등하고 있으며 2013년부터 2015년까지는 구글 글래스와 함께 크게 실패한 경험이 있다. 2018년부터 AR은 모바일 앱 및 전화기의 카메라를 거치는 기술로 사용되고 있다. 애플과 삼성 모두 현실의 환경을 추적할 수 있는 AR 콘텐츠를 만드는 새로운 도구를 발표했다. 이것은 AR 키트(AR Kit) 및 AR코어(AR Core)로로 불린다. 진짜 흥미로운 것은 AR이 시각으로 돌아갈 때이다. 명백히 '경쟁하는' 기술이 VR 성공의 핵심이라는 것은 이상하게 들리지만 잘 들어주길 바란다. VR은 AR의 갑작스런 급부상에 편승할 것이다. 사람들은 현실에서 오버레이 콘텐츠를 위한 특수 안경을 쓰게 될 것이고 VR 시청에도 같은 안경이 사용될 것이다. 이는 본질적으로 대량 수용의 한 가지 큰 장벽을 없애는 것이다. 즉 헤드셋

그림 6.1 디지렌즈 아이후드(DigiLens EyeHud) AR 안경, CES 2018에서 출시. 디지렌즈는 AR 영역으로 옮겨온 새로운 회사다.

자료 디지렌즈 제공 (2018)

을 써야 하는 점인데, 이미 사람들은 헤드셋을 갖고 있기 때문이다. AR은 좋든 싫든 헤드셋을 쓰는 사람들에게 큰 이익을 주지만 싫어하는 사람도 있을 것이다(케이치 마츠다의 무시무시한 초현실성 참조).

하지만 매체의 실현 가능성은 몇 년 후에는 VR이 지금의 스마트폰처럼 활용될 수 있음을 의미한다. 2017년 후반, 오래 기다려 왔던 매직 립(Magic Leap)이 마침내 모습을 드러냈다. 이 헤드셋은 마이크로소프트가 홀로렌즈(Hololens)에서 했던 일을 따르고 있다(따라서 매우 진보한). 이 두 헤드셋은 꽤 다루기 불편하지만, 현실이 중첩된 미래를 정보, 애니메이션, 게임 등과 함게 살짝 보여준다. AR은 더 가볍고 작아져서 쓰기 간편해질 것이며, 최종적으로는 안경이 보통 안경과 거의 분간되지 않을 정도가 될 것이다(그림 6.1 참조).

스토리 경험

영화와 쌍방향의 경계가 합쳐지면서 새로운 종류의 콘텐츠가 진화하고 있다. 바로 적극적으로 참여 가능한 이야기다. 이미 이 영역은 일찍이 실험된 적이 있는데 가장 간단한 형태는 모험 스타일을 고르는 것으로 이야기가 전개되면서 사람들은 일련의 선택을 할 수가 있다. 그러나 용적 캡처 및 게임 엔진 그래픽의 정확도가 높아지면서 더 이상 직선적이지 않고 우리의 교류 및 선택과 유기적으로 진화하는 세계와 이야기를 경험하게 될 것이다. 이 복잡한 스토리텔링 기법은 어휘개발에 많은 시간이 걸리겠지만 콘텐츠를 경험하는 데 있어 강렬하고 흡인력이 있다. 멕시코의 영화감독인 알레한드로 곤잘레스 이냐리투(Alejandro González Iñárritu)는 이 분야의 선구자로서 이국 국경을 가로지르는 멕시코 이민자들의 입장이 되어 행렬을 따라가 보는 경험을 할 수 있게 한다. 사람들은 또 이민자들이 횡단하는 과정에서 남긴 옷가지나 물품들을 발견할 수도 있다. 폰다지오네 프라다 사이트에서 이냐리투는 다음과 같이 말했다.

이 프로젝트를 생각해 온 지난 4년 동안 많은 멕시코와 중미 난민들과의 대담을 가질 기회가 있었다. 그들의 삶 이야기는 마음속에서 떠나지 않았고 나는 그들 중 일부를 초대하여 이 프로젝트에 참여하게 했다. 나의 의도는 VR 기술로 그저 보이는 범위 내에서 독재의 틀을 깨려하는 인간의 삶을 탐색하고 이민자의 발과 몸을 통해 그들의 심정을 직접 경험할 수 있는 기회를 주고 싶었다.

'Carne Y Arena(육체와 모래)'라는 제목의 이 경험은 2017년 11월 영화 예술 과학 아카데미 이사회에서 수여하는 오스카 특별상을 받았다. 이것은 관객을 몰입하고 매료하는 스토리텔링의 전혀 새로운 길로 가는 많은 경험의 최초가 될 것이다.

햅틱

햅틱은 촉각을 가능하게 하는 기술로서 피드백과 진동, 더 많은 움직임과 활동을 실제로 체감하게 한다. 이미 많은 연구가 진행됐고 텔사 수트, 햅트엑스 글루브, VR 글루브 같은 초기 제품들이 시중에 나와 있다. 그러나 2024년쯤이 돼야 정교한 표준 소프트웨어가 될 수 있을 것이라고 생각한다. 햅틱은 더 좋은 시각적 충실성 및 처리능력과 함께 VR을 더 생생하게 느낄 수 있게 하는 큰 발전이 될 것이다. 경험 마케팅 쪽의 현 트렌드와 일치하여 제품에 중점을 두는 것이 아닌 경험을 제공하는 것이 브랜드에 있어 더 성공적일 것이다. 이것은 더 많은 브랜드가 콘텐츠 제작비용을 지불할 것이라는 뜻이다.

시각적 충실성

현재 VR 활용에 있어 가장 큰 문제는 헤드셋의 화면에 있는 픽셀이다. 최근의 오큘러스 리프트 및 HTC 바이브 같은 최첨단 VR 헤드셋의 해상도는 한쪽 눈 당 1080×1200픽셀인데 1도 당 약 15픽셀에 해당한다. 반면 인간은 1도당 120픽셀에 가깝게 볼 수 있다. 이것은 현 해상도 보다 8배가 개선된 것이긴 하지만 2024년이 된다 해도 아직 갈 길이 먼 것은 분명하다. 그래도 2024년에는 4000×4000픽셀 해상도를 위한 마이클 애브래쉬의 최소 요구 사항 이상은 돼야 할 것이다. 이 분야는 몇 개의 주목할 만한 신생기업들이 발전을 주도하고 있는데 중국의 신생기업인 피맥스는 3840×2160픽셀을 자랑하고 핀란드의 바조(Varjo)는 이보다도 훨씬 많은 픽셀을 보유하고 있다. 시각적 충실도의 차세대 주자인 이 두 신생기업이 2024년보다 빨리 성과를 내기를 희망하지만 애브래쉬의 예상에 따르면 해상도의 문제가 해결되는 시기는 2024년쯤이 될 것으로 보인다.

메타버스

메타버스는 우리 모두가 운영하는 가상세계다. 이상적으로 메타버스는 단일 플랫폼이자 장치 에그노스틱이며 모든 것을 망라한다. 모든 종류의 장치를 가지고 모든 사람이 메타버스에 들어가서 대화하고 탐색하며 게임하고 일하고 혁신을 이룬다. 말 그대로 또 다른 세계인 것이다. 실세계와 완전히 다른 모습과 느낌의 이 세계는 현실의 물리적 제약이나 법, 외양이나 행동에 관한 어떤 통제도 없다. 메타버스는 자체 통화나 실세계로 전환될 수 있는 수준의 가치를 창조하는 수준까지 발전할 것이다. 월드 오브 크레프트 게임의 게임 머니인 '골드'가 현실에서 사용 가능한 '토큰'으로 거래되는 것 같이 말이다. 암호화폐의 부상과 함께 메타버스는 특별한 지역이나 나라에 종속되지 않고 실체적인 기반과 관련 없이 동등한 수준의 가치로 교환 가능한 화폐를 갖게 될 것이다. 새로운 가상세계는 역동적이고 흥미로운 신 유토피아의 꿈을 건설할 것이다. 이것은 아름답고 훌륭한 만큼 결점과 오점도 있을 것이다. 콘텐츠와 만남, 오락의 출입구가 될 메타버스로 당장이라도 가고 싶다!

대량 수용

마지막으로, 2025년이면 위에서 언급된 내용의 결과 우리는 드디어 대량 수용의 시대를 맞이할 것이다. VR은 가정과 직장에서 흔한 것이 될 것이다. 이것은 물론 매체를 통한 고객 확보를 모색하던 마케팅 담당자에게 있어 완전히 새로운 전경이 될 것이다. 시장에는 의미 있는 수의 사용자와 헤드셋이 생겨

날 것이다. 창의적 관점에서는 상상할 수조차 없는 방식으로 놀라운 시장 잠재성이 생기는 것이다.

VR의 미래 마케팅

전용 콘텐츠 작품

콘텐츠 시대에서 마케팅의 일반적인 진화와 함께 사람들에게 브랜드 연상과 더불어 사람들에게 경험과 콘텐츠를 소개하는 것에 많은 중점이 맞춰질 것이다. 현재 모바일 기기에서 앱과 게임이 그렇듯이 유료 콘텐츠는 보통 없어질 것이다. 무료 앱이 광고 수익으로 대신 요금이 지불되고 메타버스도 변화할 것이다. 예를 들어 모스족과 로커들(mods and rockers, 1960년대 영국의 모스족과 로커들)의 전성기로 사람들을 데리고 가는 닥터 마틴의 영화는 훌륭한 이야기와 배우, 감독을 만들어 낼 수 있다. 사람들이 VR로 닥터 마틴만을 뚜렷이 연상하는 것은 아니다. 언론으로부터 좋은 평을 받은 H&M을 위해 제작한 웨스 앤더슨의 단편 영화 〈컴 투게더〉가 그 좋은 예다.

실세계 밖과의 통합 마케팅

메타버스의 발전은 지금은 새롭고 혁신적인 전환이지만 더욱 일반적인 광고로 가는 문을 열 것이다. 메타버스를 탐색해

나가면서 광고업자들은 실세계에서 하는 것처럼 놀라운 콘텐
츠로 고객을 확보하려고 할 것이다. 이때가 되면 모든 한계가
사라져서 눈앞에서 도로가 갈라지며 랜드로버 디스커버리가
그 틈에서 달려 나올 수도 있다. 또는 우사인 볼트가 달려오더
니 푸마 운동화를 두고 경주를 벌이자고 도전할지도 모른다.
같은 방식으로 증강현실도 우리 주위의 모든 사물과 장소를
잠재적인 화면으로 만들거나 광고판으로 만들며 모든 곳이 메
타버스가 되게 할 수 있다. 얼마나 이것이 가능하고 VR 공간
의 환경을 조정할 수 있는가의 여부는 누가 여기에 비용을 부
담할 책임이 있는가에 전적으로 달려 있다.

목표 마케팅(Targeted marketing)

전적으로 디지털인 메타버스의 본질은 데이터가 실세계보
다 훨씬 더 많은 규모로 추적이 가능하다는 뜻이다. 이것은 추
측이 아닌 사람들의 습관에 대한 정확한 측정을 기반으로 목
표 광고를 한층 더 가능하게 한다. 구글과 페이스북이 그들이
개발한 최고의 기술을 결합해서 실생활에서 제품이나 서비스
가 가장 필요할 사람들을 목표로 하는 것을 상상해 보자. 물
론 이것은 메타버스를 창조한 사람들의 규정에 달려 있다. 그
들은 광고를 허가할 것인가? 현재의 형태로는 아닐 것이다.
실세계에는 존재하지 않는 전적으로 메타버스 위에서 창립되
는 신사업이 있을 것이다. 예를 들어 먼 우주 공간 탐험 시뮬

레이션으로 들어가게 할 수 있는 메타버스를 상상해 보자. 다양한 모험을 위해 값을 치르고 모험마다 자신의 이야기 결말을 마음대로 할 수 있다. 마치 한계가 없는 영화 〈웨스트월드(Westworld)〉 같다. 이것은 순수한 현실도피로 엄청난 인기를 얻을 것이며 거대한 사업이 될 것이다.

인플루언서

어니스트 클라인의 소설 《레디 플레이어 원》은 VR을 시작하려는 사람에게는 필수적인 책이다. 그는 메타버스를 현실의 제약하에서는 불가능한 것을 뛰어넘어 힘과 능력을 더하여 가상 캐릭터를 '업그레이드' 하거나 개발할 수 있는 곳으로 상상했다. 마케팅 관점에서 이것은 새로운 인플루언서의 증가를 의미한다. 즉 사람들은 이 메타버스에서 추종하고 배우고 싶은 그들만의 영웅을 갖게 된다. 이것은 이 신세계에서 신뢰와 견인력을 모색하는 광고업자들에게 귀중한 상품이 된다. 메타버스의 일부는 현재의 어떤 인플루언서보다 많은 영향력을 가지게 될지도 모른다.

결론

VR 마케팅의 가능성에 대해 생각할 때 미래에 우리는 현재

보다 훨씬 본능적이고 강렬하게 가상세계를 경험하리라 기대할 수 있다. 이것은 큰 감정적 충격과 영향을 미치며 더욱 공유가능하고 회자되는 콘텐츠로 이어질 것이다. 요약하면 광고업자들과 마케팅 담당자들의 꿈인 것이다. 한 가지 정말 신나는 것은 이미 VR 제작의 결실을 확보할 수 있고 우리 마음이 원하는 경험을 만들 수 있다는 것이다. 물론 해상도는 아직 미치지 못하고 촉각이나 후각, 실체적 피드백은 개발되지 않았지만 그래도 달에 착륙하거나 용을 타고 하늘을 날며 마돈나 카니예 웨스트와 얼굴을 마주하고 공연할 수 있다. VR의 주요한 기술적 장애는 성공적으로 제거됐고 업계는 이제 속도감 있게 잘 돌아가고 있다. 마케팅 담당자와 브랜드는 상상할 수 있는 모든 것을 만들며 사람들을 삶을 바꾸는 경험으로 데려갈 수 있다. 이것은 단지 상상력의 문제인 것이다. 창의적 인재들이 마법 같은 무언가를 만들어 낼 완벽한 시기가 왔다. 브랜드는 이것을 더 가속화할 수 있다. 실세계와 가상세계가 더욱 흥미진진해질 것이다.

감사의 말

출판을 위해 애쓴 출판사 코건 페이지의 지지와 도움에 감사한다. 샬롯 오웬 및 목차 정리에 현명한 지혜를 빌려준 크리스 커드모어에게도 감사를 표한다. 또 처음에 이 주제로 책을 쓰도록 권유한 제니 볼리치에게 진심으로 감사를 표한다. 귀중한 시간을 VR 마케팅과 진솔한 대화를 위해 바친 모든 대담자들에게 감사한다. 이 책에 여러분들을 모시게 돼서 진심으로 영광으로 생각한다. 여러분들은 이 책에 커다란 신뢰를 부여하며 멋진 얘깃거리를 제공해 줬다. 무엇보다 가족에게 제일 감사하다. 수, 애니, 메이, 로시, 너희는 내 햇살이란다. 너희의 인내심에 감사를 표한다.

360도 영상(360 video)

한 방향이 아닌 모든 방향에서 캡처하는 영상. 보통 360×180도, 즉 수평 360도, 수직 180도로 기술된다. 정확한 360도 영상이 되기 위해서는 찌그러짐을 완화하는 방식으로 재생할 필요가 있다. 이것은 헤드셋이나 데스크톱 혹은 유튜브나 페이스북 같은 온라인 플레이어의 가상 천구 주위를 둘둘 말게 한다. 360도 영상은 입체나 모노로 시청 가능하다.

알고리즘 스티칭(algorithmic stitching)

구글의 점프나 존트 원 같은 카메라는 클라우드에서 스티치하도록 설계돼 있다. 즉 구글이나 존트에 콘텐츠를 올리면 화면이 스티치 된 뒤 전송된다. 이 스티칭은 가장 성공적인 알고리즘을 기반으로 한 것으로, 다수의 카메라와 특정 방향감을 일치시키는 것이다. 이것은 대부분 상당히 효과가 좋지만 문제가 있는 영상을 전송받을 경우, 16개 카메라의 화면을 가지고 수정 작업을 하는 데 꽤 고생할 수 있다.

앰비소닉 오디오(ambisonic audio)

VR 영화 캡처를 목적으로 한 앰비소닉은 완전 구체의 오디오 캡처 기술로 보통 젠하이저 앰비오(Sennheiser Ambeo) 같은 전용 앰비소닉 마이크를 사용한다. 이 마이크는 다른 지향성 마이크 및 랩 마이크와 함께 증강되어 전체 장면의 주요 오디오를 잡아낸다. 이 기술은 사후 오디오 제작 작업 시 훨씬 탁월한 유연성과 조정력을 제공한다.

AR/증강현실(AR, augmented reality)

데이터와 애니메이션, 콘텐츠를 실세계에 중첩하는 것. 증강된 현실은 인간으로서의 효율성을 높이고 대인 의사소통과 세상에 대한 이해와 교류, 건강과 안전, 교육을 강화한다. 터미네이터의 관점을 생각해 보라! 증강현실 앱은 최근 iOS와 안드로이드에 AR 킷과 AR 코어의 출시로 활성화됐으며 스마트폰에 환경을 지각하고 주위 환경을 이해하며 교류하는 기능이 추가됐다.

스테레오 오디오(binaural audio)

사람의 귀가 듣는 방식을 재생산하는 방식으로 녹음하고 재생하는 오디오. 이론상으로는 머리 모양의 마이크를 사용하면 '정확한' 소리를 더 사실적으로 소리를 캡처할 수 있다. 그러나 이것은 오디오를 캡처하는 최고의 방법은 아니다. 실제로는 앰비소닉으로 오디오를 캡처하고 스테레오에 최적화한 앱으로 재생하는 편이 더 좋다.

카드보드(Cardboard)

구글의 저렴한 구글 카드보드는 구글에서 나온 DIY VR 헤드셋으로 업계에서는 간단히 '카드보드'로 불린다. 구글 카드보드 헤드셋은 구글에서 제작한 것은 아니지만, 구글이 제정한 디자인 지침을 따르고 있다. VR 헤드셋이 아닌 구글 카드보드 헤드셋이 시중에 많이 나와 있으나 이것들은 보통 1회 경험 후 폐기된다.

편안함(comfort)

VR에서 편안함은 경험이 메스꺼움을 유발하는지에 대한 여부를 의미한다. 메스꺼움은 현장감을 깰 뿐만 아니라 콘텐츠 경험 후에도 사용자에게 오래 남는다. 사람들이 브랜드를 연상할 때 역겨움을 떠올리는 건 원치 않을 것이다!

등장방형도법(equirectangular)

평평하게 혹은 편집해서 360도 영상을 투사할 때 영상이 원래대로 투사되는 것으로, 많은 시각적인 뒤틀림을 동반한다. 영화나 TV에서 얼터드 카본 같은 개조된 현실감을 주고자 할 때 많이 사용한다. 이 투사의 비율은 16×9의 반대인 2×1이나 360×180이다.

렌더링 부하 하락(foveated rendering)

이것은 인간이 응시하는 곳은 높은 해상도를 유지할 수 있으나 그 외의 주변은 제대로 인식할 수 없는 흐리게 보이는 영역이 존재하는 것을 의미한다. 많은 점에서 실세계에서 인간의 눈이 작용하는 방식을 모방했다고 할 수 있다.

게임 엔진(game engine)

'실시간' 엔진으로도 알려진 이 시스템은 컴퓨터 게임이나 쌍방향 통신을 그래픽 기반의 경험으로 강화한다. 게임 엔진은 보통 유니티나 언리얼 중의 한 가지다. 두 시스템 모두 프로그래머들이 가상세계를 다양한 쌍방향성을 가능하게 한다. 비주얼라이즈에서 테크놀로지와 비즈니스 전문 잡지 〈와이어드(Wired)〉를 위해 '더 셀'이라는 VR 경험을 만들었는데 실시간 엔진인 유니티를 비아콤의 완전 신체 동작 트래킹과 결합한 것이다. 게임 엔진은 그래픽과 오디오를 경험으로 변환하여 동작 캡처 시스템의 실시간 데이터를 받아 사람들이 자신들의 손과 발을 보면 로봇의 몸으로 보이게 한다. 게임 엔진은 VR의 쌍방향성을 가능하게 하고 3D의 실제 위치 스캐닝이나 라이브 이벤트를 기반으로 한 미래의 VR 경험을 가능하게 할 것이다.

쌍방향 VR(interactive VR)

가상현실은 '게임 엔진' 위에 만들어지며, 사용자가 이벤트의 환경이나 결과에 영향을 줄 수 있다. 이것은 실세계의 사물과의 교류를 경험하는 더 보이드의 스타워즈부터 우리가 반 고흐 미술관과 페이스북을 위해 제작한 VR 앱까지 다양하다.

광계 카메라(lightfield cameras)

이것은 한 지점이 아닌 영역의 콘텐츠를 캡처하는 카메라로 사용자에게 '6자유도(6DOF)'로 움직일 수 있다. 즉 몸을 왼쪽, 오른쪽, 위, 아래로 움직이며 현장감을 극대화한다.

모노(monoscopic)

평평하게 깊이감이 없는 보이는 360도 영상을 말한다. 3D로 360도를 찍을 수 있는 카메라는 거의 없고 대부분은 모노다. 페이스북이나 유튜브 같은 온라인에서도 차이는 없으며 콘텐츠의 3D 기능은 헤드셋을 사용해야만 뛰어난 현실성을 감상할 수 있다.

MR/혼합현실(MR, mixed reality)

이것은 마케팅 용어라고 생각한다(조나단 월던도 동의한 바 있다. 소개의 대담 참조). 마이크로소프트의 '혼합 현실' 헤드셋은 가상현실 헤드셋으로 전면의 센서는 환경 추적용인데 가상공간만 탐색할 수 있다. 콘텐츠의 모호한 형식으로 인해 '하이브리드 현실'이라고도 하며 동일한 장소에서 같은 시간에 실세계에서도 존재하는 실세계의 사물을 똑같이 모방하는 가상 환경을 포함한다. 마케팅에서는 직접적인 사용은 아직 없다.

최저점(Nadir)

구체의 맨바닥으로 360도 영상을 아래로 볼 때다.

광흐름(optical flow)

영상을 일렬로 잇기 위해 사용하는 스티칭 기법으로 영상의 일치를 위해 조작하는 것. 열 번 중 아홉 번은 이음선이 없게 나오지만 가끔은 더 나빠질 수도 있다. 광흐름은 파운드리의 카라 VR 같은 매우 최첨단의 비싼 플랫폼에 적용되었으나 현재는 SGO의 미스티카 같은 신흥 기업도 진입하고 있다.

사진 측량(photogrammetry)

실세계를 3D 모형으로 제작하는 기법으로 다수의 여러 각도와 위치에서 찍은 수백 장에서 수천 장의 사진을 사용한다. 결과 모형은 현실과 비할 데 없다. 한 가지 단점은 정적인 환경만 캡처 가능해서 사람 등은 불가하다. 이것은 '용적 캡처' 형식이다.

현장감(presence)

VR 사용자와 가상세계의 완벽한 연결로 현실을 잊거나 콘텐츠에 깊이 몰입하게 된다. 즉 가상세계와 완전히 일치하는 느낌.

SLAM(위치 측정과 지도 작성이 동시에 일어남)

주변 환경을 감지하고 역동적으로 위치를 업데이트하여 자동화 주행처럼 환경을 이해하는 컴퓨터나 모바일 기기의 기능. VR보다는 AR에서 많이 사용되는 실세계의 지도 작성 및 환경 이해 기능.

스팀(Steam)

맥이나 PC에서 작동하는 게임 플랫폼으로 HTC 바이브와 오큘러스 헤드셋을 VR 활성화 엔진과 함께 사용할 수 있게 한다.

입체적(3D)(stereoscopic(3D))

깊이감 있게 촬영하는 360도 영상을 기술하는 용어로, 양쪽 눈이 장면을 보는 각도가 약간 차이가 난다. 360도 영상 및 표준 혹은 쌍방향 VR을 사용할 때 매우 효과적이다. 입체로 찍는 것은 사후작업이 좀 더 어려운데 영상이 모두 왼쪽 눈으로 제작되고 오른쪽 눈은 한 프레임으로 나오기 때문이다(보통 왼쪽 눈은 위에 오른쪽 눈은 아래에 위치). 이것은 데이터의 양을 두 배로 만든다.

스치팅(stitching)

360도 카메라로 찍은 영상들을 합치는 과정. 보통 두 개에서 여섯 개의 렌즈가 달린 카메라가 각 카메라의 영상을 녹화한다. 이 영상들은 일렬로 배치한 후 서로 중첩해서 이음선이 보이지 않도록 스티치해서 신중하게 합쳐야 한다. 항상 성공하는 것은 아니지만 기술이 발달하면서 훨씬 좋아지고 있다.

스웨이지 효과(Swayze effect)

VR에서 인지되지 않는 느낌을 기술하는 용어로 장면의 일부라는 느낌은 있지만, 영화 〈고스트〉의 패트릭 스웨이즈 같이 주위에 영향을 줄 수 없는 상황을 의미. 배우가 카메라를 보거나 사용자에게 말을 붙임으로써 스웨이지 효과가 완화될 수 있다.

용적 캡처(volumetric capture)

모든 각도로부터 전체 공간을 캡처하는 방법. 결과 화면을 VR에서 경험할 수 있기 때문에 콘텐츠 주변을 걷는 것이 가능해진다. 광계 카메라는 사진 측량 같은 용적 캡처 양식이다.

VR/가상현실(VR, virtual reality)

실제나 상상의 환경으로 헤드셋에서 수동 및 쌍방향으로 캡처나 제작됨. 감각의 완벽한 장악이라고 할 수 있다.

VR케이드(VRcades)

가상현실 콘텐츠용 오락실. 즉 몰입 콘텐츠 게임을 할 수 있는 게임 존이다. 현재 중국과 미국에서 인기 있다.

최고점(Zenith)

구체의 가장 윗부분으로 360도 영상을 올려다보는 것.

이 부록은 내가 프로젝트에서 작업에 대해 더 잘 이해하고 확고한 기초를 정립하기 위해 사용하는 양식으로, 시작부터 전달까지 프로젝트를 추적한다. 본문 4장(가상현실 제작)에서 정한 원칙들에서 도출된 것이다.

1 우리가 해결해야 할 사업상의 문제는 무엇인가?

예를 들면, 그 문제는 '충분한 온라인 관여를 하지 못한다'는 것처럼 간단한 것일 수도 있고, '우리 회사의 자동차처럼 구체적인 무언가가 ABC 모터쇼에 맞춰 준비되지 않을 것이기 때문에 가상의 버전을 원한다'는 것일 수도 있다.

2 우리의 타깃은 누구인가?

특정 인구통계학적 정보를 포함한다. 예를 들면, 졸업식에서 직업을 구하는 학생들 혹은 다른 브랜드의 고객들 등이다.

3 사람들이 무엇을 보고 느끼고 행동하기를 원하는가?

See (보다)	Feel (느끼다)	Do (행동하다)

여기서는 단순함을 유지하라. 나중에 프로젝트를 한창 진행하고 있을 때 스스로 상기하여 참조할 수 있는 분명한 내용이어야 한다. 예를 들어보자. "보다"는 운전 경험을 하던 중에 차 인테리어를 자세히 살펴보는 것이고, "느끼다"는 그 경험으로 활기를 띠고 인테리어에 감명을 받는 것이다. 또 "행동하다"는 그 경험을 친구들에게 말하고, 공유하며, 그 차에 대해 더 많은 것을 물어보는 것이다.

4 사람들이 이것을 어떻게 보기를 원하는가?

이것은 온라인용인가 아니면 헤드셋용인가? 헤드셋이라면, 어떤 기종인가? 프로젝션 돔(dome)과 같은 부차적 혹은 제3의 제공물이 필요한가?

5 프로젝트의 핵심성과지표(KPIs)는 무엇인가?

프로젝트에서 핵심성과지표(KPIs)를 확립하는 것은 항상 좋은 일인데, 이는 성공을 증명할 수 있게 해줄 뿐만 아니라, 당신이 평가받을 용의가 있다는 것을 보여줌으로써 클라이언트에게 큰 자신감을 줄 수 있기 때문이다. 하지만 알다시피, 1장의 투자수익률(ROI)에 대한 설명에서 VR은 다른 매체들에 비해 매우 강력한 성능을 발휘하는 많은 방법이 있다. KPI는 특정 비즈니스 문제와 관련될 수 있다. 예컨대, 나는 버진트레인(Virgin Trains)의 채용 프로젝트에서 전년도의 같은 수준에 비해 학생 박람회 채용 신청 건수가 증가/감소되었음을 나타내는 KPI를 보여줄 수 있었다.

6 프로젝트의 비전은 무엇인가?

이는 프로젝트 결과에 대한 이상적 전망이다. 예시: 고객에게 VR 경험을 보여줌으로써 그들이 제품을 더 많이 사용할 가능성과 그것의 혜택을 이해할 수 있을 것이다.

이 문서를 작성하면서 훨씬 더 세부적인 내용까지 파고들 수 있으며, 이것을 기본적으로 작업 명세서(statement of works, SOW)로 사용할 수 있다. 이것을 작업 명세서로 사용하는 것의 장점은, 보다 서술적이고 실질적인 부분을 보여주는 명세서로 넘어가기 이전에 프로젝트에 대하여 깊이 이해하고 있음을 확인하는 것이다. 첫 부분은 사전 제작이나 설명회의 초기 단계에서, 그 이하는 사전 제작 중후반 단계에서 완성할 수 있다.

비전보다는 더 실질적이고 심도 있는 내용을 서술하면 된다.
프로젝트가 비전을 어떻게 충족시킬지를 제시하는 것이다.

프로젝트 시각표(timeline)	
단계	날짜
사전 제작: 제작: (사후 제작) 360도 영상: 앱 제작: 품질 보증(QA) 테스트:	

일반적으로, 360도 영상을 위해서는 사전 제작에서 사후 제작
에 필요한 시간의 50%를 투입하려고 한다. 비주얼라이즈(저자
의 회사)의 전형적인 프로젝트는 2주간의 사전 제작, 3일간의 촬
영, 4주의 사후 제작 및 앱 프로덕션 병행을 거친다. 마지막 단
계는 물론 QA 테스트로, VR 프로젝트에서 항상 지연되는 일
이나 예상하지 못한 변화가 있기 때문에 넉넉히 1~2주의 기
간이 더 필요하다. 당신이 아주 운이 좋지 않은 한 변수가 발
생할 것에 대비해야 한다.

8 프로젝트에 필요한 비용과 공정이 어떻게 되는가?

우리 회사는 보통 사업의 성격에 따라 사업비의 30퍼센트나 50퍼센트를 선불로 요구한다. 360도 영상 프로젝트에선 대부분 프로젝트를 시작할 때 지불해야 할 장소 섭외비, 캐스팅 에이전트, 감독 등의 비용이 있다. 그리고 우리는 사후 제작 개시와 프로젝트 완료에 대한 비용을 나중에 지불한다. 인터랙티브 개발 역시 사전에 공정표를 준비하고 지불을 받는 것이 좋으며, 이는 원래의 범위에 속하지 않았던 기능과 요구사항이 점차 추가되는 예기치 못한 상황을 방지하는 데 도움이 된다.

9 작품에 대한 설명:

이 내용은 클라이언트와 토론하고 공유할 수 있는 아주 핵심적인 사항이다. 제작의 범위와 경계를 여기서 최대한 구체화하고 합의를 이루는 것이 매우 중요하다. 예를 들어, 초기 아이디어의 창의적 개발, 대본 작성, 스토리보드 제작, 장소 물색, 캐스팅, 3D 360도 영상 캡처, 앰비소닉 오디오 캡처 등을 다룬다. 또 당신이 하지 않을 것도 여기에 추가할 수 있다(예: 고정 위치에서 모든 샷 촬영—드론 없음).

10 필요한 클라이언트 관련 자료 및 브랜드 자산:

브랜드 가이드라인, 로고, VR 경험에 포함시킬 콘텐츠, 제품 정보 및 설명 등이다. 여기에 데드라인도 포함될 수 있다.

VR 마케팅 교과서
가상현실 콘텐츠를 비즈니스에 활용하는 법

초판 발행 2020년 3월 6일 | **1판 1쇄** 2020년 3월 12일

발행처 유엑스리뷰 | **발행인** 현명기 | **지은이** 헨리 스튜어트 |
옮긴이 이지애 | **주소** 부산시 해운대구 센텀동로 25, 104동 804호 | **팩스** 070-8224-4322 |
등록번호 제333-2015-000017호 | **이메일** uxreviewkorea@gmail.com

ISBN 979-11-88314-45-4

VIRTUAL REALITY MARKETING